Sexuelle und Alkohol=Frage

Von

Dr. Adolf Kickh
Hall in Tirol

BONN 1920
A. Marcus & E. Webers Verlag (Dr. jur. Albert Ahn)

Druck: Otto Wigand'sche Buchdruckerei G. m. b. H., Leipzig.

Inhalt.

Einleitung.

„Gäbe die Menschheit den Alkohol als Genußmittel auf, so wäre ein großer Teil der sexuellen Frage im günstigsten und gesunden Sinne gelöst“[1]). Dieses Wort Forels legt es nahe, den Zusammenhang der „sexuellen“ mit der „Alkohol-Frage“ einer eingehenden Erörterung nach wissenschaftlichen Gesichtspunkten zu unterziehen.

Der Aufgabe, die sich die „Abhandlungen aus dem Gebiete der Sexualforschung“ stellen, entsprechend, werde ich mich bemühen, streng wissenschaftlich zu bleiben und von praktischen Folgerungen und Forderungen abzusehen.

Aber wir stehen heute im Banne der politischen Ereignisse und sind von ernsten Sorgen um unser deutsches Volk erfüllt. Kein Deutscher kann heute die nötige innere Ruhe und Abgeklärtheit besitzen, nur wissenschaftlich und theoretisch über solche Fragen zu denken und zu schreiben; man kann es nicht verhindern, daß aus dem Unterbewußtsein hie und da die bange Frage aufsteigt, ob das Ergebnis unserer wissenschaftlichen Forschung nicht von praktischem Werte für die Genesung unseres schwer leidenden und darum nur noch inniger geliebten Volkes sein könnte. Volk und Vaterland über alles! Heute ist es Pflicht, aus der Wissenschaft, die über allen „Zweck“ erhaben sein soll und nur reine Erkenntnis und Wahrheit sucht, auch mit dem Verstande Folgerungen für unser Leben zu ziehen, ja, auch dem Gefühle etwas Raum zu lassen. Unser Schmerz muß Vater von Taten werden. In diesem Sinne bitte ich etwaige Überschreitungen einer rein theoretisch-wissenschaftlichen Darstellung zu entschuldigen. —

Bevor wir auf den Zusammenhang der sexuellen mit der Alkoholfrage eingehen, ist eine Bestimmung des Begriffes „sexuelle Frage“ nötig. Sie ist meines Erachtens die Frage, wie sich das Geschlechtsleben für Rasse und Einzelmenschen möglichst vorteilhaft gestalten läßt.

Das „Geschlechtsleben“ — dieser Begriff umfaßt:

1. Bau und Tätigkeit (äußere und innere Sekretion) der Geschlechtsdrüsen, somit Fortpflanzung und Vererbung im weitesten Sinne, Rassenhygiene und Bevölkerungspolitik;
2. den Geschlechtstrieb und dessen Befriedigung;
3. krankhafte Abweichungen vom Normalen, insbesondere auch die Geschlechtskrankheiten.

Dem „Geschlechtsleben" entspringt Liebe und Eifersucht; es umfaßt Zeugung und Geburtenverhütung, Ehe und Prostitution; es führt Völker zu höchstem Aufstiege wie zu tiefstem Verfalle und Aussterben.

Es steht in inniger Wechselbeziehung zu **allen** anderen Lebenserscheinungen; ja, letztere erhalten — bei der Vergänglichkeit alles persönlichen Lebens — nur durch das Geschlechtsleben eine gewisse Dauer und Beständigkeit.

Wachsen und Blühen eines einzelnen Baumes währt eine kurze Frist, der Baum stirbt ab; doch aus seinen Früchten erwachsen immer neue Bäume. Der Mensch wird begraben; doch mit ihm nicht seine Zukunftsträume; sie verwirklichen sich durch seine Kinder und Enkel.

Dies lehrt uns das Wohl und Gedeihen der **Rasse höher werten als unser eigenes.**

Aber auch im Leben des Einzelmenschen spielt die Geschlechtlichkeit eine große Rolle, bewußt und noch viel mehr unbewußt und darum von den meisten ungeahnt. Sie geleitet, ja leitet uns auf Schritt und Tritt im Fühlen, Denken und Handeln.

Doch wir wollen hier nicht den Wurzeln unseres Fühlens und Denkens nachforschen, sondern nur die äußeren **Zusammenhänge** der sexuellen mit der Alkoholfrage aufsuchen. Lange suchen brauchen wir nicht —; sie drängen sich dem Auge des Beobachters — wenn er nur sehen **will** — geradezu auf.

Wie lautet denn aber nun eigentlich die „**Alkoholfrage**"? Sie wird so oft mißverstanden, daß man wohl erst sagen muß, was sie **nicht** ist. Darum antwortet **Fock**[2]):

„Die Alkoholfrage ist **nicht** die Frage,

ob jede kleinste Menge Alkohol der Gesundheit des Einzelnen nachweisbaren Schaden bringt,

oder ob der Alkohol, in mäßigen Mengen genossen, Eiweiß sparen kann,

oder ob der Alkohol die Herztätigkeit anregen kann,

oder ob der Alkohol gelegentlich als Arzneimittel verwendet werden kann, und ähnliches,

sondern die Alkoholfrage ist klipp und klar die Frage:

Wie kann der Summe von Schädigungen, die wir unter dem Namen Alkoholismus zusammenfassen, mit Erfolg entgegengetreten werden?"

„**Alkoholismus**" ist die Summe der als Folgen des Trinkens geistiger Getränke beobachteten Erscheinungen individueller und sozialer Art: Ein Heer von Krankheiten, ein gewaltiges Anwachsen der Verbrechen und Armenlasten, die Entartung der Nachkommenschaft, die Steigerung der Unfälle, die Zunahme der Sterblichkeit, eine ungeheure Vergeudung wirtschaftlicher Güter, das Sinken von Willenskraft und Verantwortlichkeitsgefühl usw." [2]).

Wir sehen hier eine Summe von Erscheinungen aufgezählt, deren **jede** auch zur **sexuellen** Frage **Beziehungen** hat. Diese **alle eingehend** zu besprechen, wäre im Rahmen dieser Abhandlung unmöglich. Hier kann nur auf die wichtigsten derselben hingewiesen werden, um zum eigenen **Studium der Alkohol-**

frage anzuregen und zu zeigen, daß ein solches zur Lösung sexualwissenschaftlicher Fragen unbedingt nötig ist.

Vielleicht meint der eine oder andere der Leser, daß es heute infolge der großen Einschränkungen der Alkoholerzeugung keine „Alkoholfrage“ mehr gebe. Diese Ansicht wäre irrig. Auf diesen Punkt werde ich zweckmäßig am Schlusse dieser Abhandlung noch zurückkommen.

Vor allem werden wir im folgenden untersuchen, welch schweres Hemmnis der Alkoholismus für die Lösung der sexuellen Frage bisher, vor dem Kriege, bedeutete. Wir werden dann daraus den Schluß ziehen müssen, daß es notwendig ist, sein neuerliches Anwachsen zu verhüten.

Die weitere Frage, ob etwa für das Geschlechtsleben (im weitesten Sinne des Wortes) heute, nach dem Kriege, der Einfluß des Alkohols derselbe geblieben ist, läßt sich erst beantworten, wenn wir seine Wirkungsweise im allgemeinen besprochen haben werden. Die Beantwortung dieser Frage können wir daher einstweilen zurückstellen.

Wir wollen zuerst die vor dem Kriege gesammelten Erfahrungen und wissenschaftlichen Forschungen ins Auge fassen. Der sehr umfangreiche Stoff läßt sich, wie oben angedeutet, in drei Abschnitte zerlegen, um etwas leichtere Übersicht zu gewinnen, obwohl sich die Trennung des Stoffes nicht scharf durchführen läßt.

Grundlage für die Betrachtung der Alkoholwirkung auf unser Geschlechtsleben ist natürlich die Kenntnis vom Baue unserer Geschlechtsdrüsen und deren Funktion unter normalen, physiologischen Verhältnissen. Ich setze dieselbe als bekannt voraus, und will nur die hier in Betracht kommenden krankhaften Veränderungen und deren Folgen für Einzelmenschen und Rasse skizzieren.

1. Bau und Funktion der Geschlechtsdrüsen.

Die sexuelle Frage hat ihren Namen von den Sexualorganen, den Geschlechtsdrüsen.

Bei gewohnheitsmäßigem Genusse geistiger Getränke wird der histologische Bau derselben — wie der anderer Organe — krankhaft verändert.

Vorwiegend kommt hierbei der Hoden in Betracht, da ja das männliche Geschlecht stärker am Alkoholverbrauche beteiligt ist, als das weibliche.

Untersuchungen von Grehaut[5]), Nicloux[3–5]) und anderen zeigen den Übergang des Alkohols ins Blut und aus diesem in die Geschlechtsdrüsen. Letztere sind sonst vor eindringenden Schädlichkeiten recht gut geschützt — jedenfalls eine durch Auslese vervollkommnete günstige Einrichtung.

Ribbert[6]) brachte gelöstes Karmin ins Blut von Tieren und fand, daß dadurch die Zellen der meisten Organe gefärbt wurden, die Ei- und Samenzellen jedoch nicht.

Wenn aber im Blute gelöste Gifte dauernd auf die Körperorgane einwirken, werden sie wohl alle Zellen derselben, auch die

Keimzellen, beeinflussen können. Überdies haben bestimmte Stoffe besondere Wirkung auf bestimmte Gewebe — Narkotika auf das Nervensystem. Dann werden diese Gewebe vorzugsweise geschädigt. Die oben erwähnten Forscher beweisen, daß die Keimdrüsen gegen den Alkohol nicht geschützt sind, denn letzterer läßt sich in ihnen chemisch nachweisen.

Bertholet[3]), Weichselbaum[7]) u. a. weisen nach, daß der Alkohol Gewebsveränderungen bewirkt, was Bertholet durch vorzügliche Abbildungen belegt. Er beschreibt die anatomischen Befunde ausführlicher; in schweren Fällen fand er „vollständigen Schwund und Entartung der Hodendrüsenzellen, vollständiges Fehlen der Samenfäden, sehr dicke Eigenhülle der Kanälchen, die oft mit hyaliner Entartung einhergeht. Daneben finden sich in den 263 Sektionsbefunden alle Übergänge schwerer und leichterer Degeneration zum normalen Hoden.

Auf Grund seiner Untersuchungen kommt er zur Aufstellung folgender „Thesen“:

„1. Die chronischen Alkoholiker sterben früher als die Nichtalkoholiker;
2. die Organe der chronischen Alkoholiker sind stärker und häufiger verändert, als diejenigen der Nichtalkoholiker;
3. die Hoden der Alkoholiker sind diejenigen Organe, die im größten Prozentsatz Entartungserscheinungen aufweisen, nämlich in 86 %;
4. diese Entartung tritt bei den Alkoholikern sehr früh ein und führt außerordentlich schnell zum vollständigen Schwunde des Hodens mit Azoospermie (Verschwinden der Samenfäden);
5. die fettige Entartung verläuft ebenfalls sehr rasch. Sie ist es, die zuerst in Erscheinung tritt, darnach kommt erst die Sklerose mit zelliger Durchsetzung des Bindegewebes und fortschreitendem Verschwinden der Drüsenzellen der Samenkanälchen,
6. die Eierstöcke scheinen unter dem Einflusse des chronischen Alkoholismus den gleichen Gewebsveränderungen zu unterliegen und scheinen ebenso empfindlich zu sein wie die Hoden;
7. die alkoholische Blastophthorie der Fortpflanzungsorgane ist gleichermaßen bewiesen durch die Erfahrungen der pathologischen Anatomie, des Experimentes und der Hygiene.“

Unter Alkoholikern versteht B. Menschen, die mehr als 80 bis 100 ccm reinen Alkohols (entsprechend 1—1½ Liter Wein oder 2 Liter Bier) in 24 Stunden trinken.

Vollständiges Fehlen der Samenfäden im mikroskopischen Präparate findet er bei Trinkern in 55 %, bei Nichttrinkern in 15 % der Fälle. Mehr weniger normale Beschaffenheit bei 14 % Trinkern und 71 % Nichttrinkern. Natürlich wurden andere keimschädigende Ursachen ausgeschlossen; besonders berücksichtigte B. den Zusammenhang von Alkohol und Tuberkulose. Eine Kritik des Buches ist in der I. M. 1914 S. 158 ff. zu finden (I. M. = Internat. Monatsschrift zur Erforschung des Alkoholismus).

Wenn nun der Alkohol zu schweren, anatomisch nachweisbaren Veränderungen der Geschlechtsdrüsen führen kann, so muß doch diesen Veränderungen des Baues auch eine Veränderung der Funktion entsprechen; ja, letztere wird schon vorausgesetzt werden dürfen, bevor noch grob anatomische Befunde nachgewiesen werden können.

Die Beeinflussung der äußeren Sekretion

wird sich in Quantität und Qualität der Nachkommenschaft bemerkbar machen. In den schwersten Fällen, namentlich bei Fehlen der Samenfäden, ist Unfruchtbarkeit die natürliche Folge der Hodenentartung. Wo aber Samenfäden vorhanden und noch imstande sind, das Ei zu befruchten, wird in Trinkerfamilien die Zahl der Schwängerungen groß sein, da der Geschlechtstrieb rege und ungehemmt sich äußert (sogenannte reizsteigernde Wirkung des Alkohols). Aber zahlreiche Früchte sterben schon im Mutterleibe, — es kommt daher oft zu Fehl- und Frühgeburten; die Zahl der Totgeburten ist größer als in gesunden Familien; aber trotz dieser großen vorgeburtlichen Auslese der infolge Keimschädigung lebensunfähigen Früchte ist auch die Zahl der lebend geborenen Kinder noch verhältnismäßig groß. Erst die weitere größere Sterblichkeit der lebensunfähigen, lebensschwachen, mit verminderter Widerstandskraft gegen Krankheiten behafteten Kinder bewirkt, daß die Aufwuchsmenge (die Zahl der Nachkommen im 20. Lebensjahre) geringer ist als in anderen, gesunden Familien, wenigstens dort, wo bei letzteren keine Geburtenbeschränkung stattfindet.

Sullivan[5]) sah, daß bei trinkenden Müttern die Anzahl totgeborener und junggestorbener Kinder mit jeder Geburt (also mit längerer Dauer der Trunksucht) bis zum 5. Kinde zunahm:

	Anzahl Fälle	Jung gestorben und totgeboren %	Totgeboren %
1. Kind . . .	80	33,7	6,2
2. „ . . .	80	50	11,2
3. „ . . .	80	52,6	7,6
4. „	111	65,7	10,8
5.	93	72	17,2

Bedeutender ist eine andere Feststellung Sullivans: er suchte aus einer großen Menge trunksüchtiger Mütter (er war englischer Gefängnisarzt) jene Fälle, in denen es keine erblichen Krankheiten in der Familie gab, und verglich die Kinder von 21 solcher trinkenden Mütter mit den Kindern von 28 normalen Schwestern derselben, die also ungefähr dieselbe Ahnenreihe hatten. Von den trunksüchtigen Müttern starben vor ihrem 2. Lebensjahre 55,2 % der Kinder, bei ihren Schwestern nur 23,9 %. Arrivé[5]) untersuchte Pariser Arbeiterfamilien und verglich die Kindersterblichkeit in Trinker-, tuberkulösen und gesunden Familien, und zwar 388 Trinkerkinder, 332 von tuberkulösen, 791 Kinder von normalen Eltern, also zusammen 1511 Kinder. Ergebnis:

Von 100 Kindern starben	bei trinkenden,	tuberkulösen,	normalen Eltern
vor oder bei der Geburt . .	5,2	3,01	2,79
vor 1 Monate	6,3	4,2	4,0
vom 1.—5. Monate . . .	7,7	6	4,8
vom 5.—12. „	11,2	5,1	6,3
vom 1.—5. Jahre	14,6	9,3	7,5
Zusammen vor dem 5. Jahre.	45,0 %	27,61 %	25,39 %

Meine eigenen[8]) [9]) Untersuchungen betrafen alle bodenständigen Familien meines Kurbezirkes, Salzbergwerksarbeiter, welche zumeist ihr bäuerliches Wesen bewahrt haben. Auch hier wurden, wie bei Sullivan, bei den Trinkerfamilien andere vererbbare Krankheiten ausgeschlossen. Die Bezeichnung „Trinker“ umfaßt nur wenige Säufer, vielmehr überwiegend Männer, die sich für nicht unmäßig halten.

Mit dieser Trinkergruppe verglich ich andere: Gesunde Familien, solche mit schwacher Belastung, mit Anlage zu Krebs, mit stärkerer Tuberkulosebelastung, Syphilitikerfamilien, Familien von Teilnehmern an früheren Feldzügen und schließlich solche mit mehrfacher Schädigung (Trinker mit Syphilis oder Tuberkulosebelastung). Ich will hier nur — entsprechend Arrivés Statistik — die „gesunden“, Trinker- und die schwindsuchtbelasteten herausgreifen:

	Von hundert Kindern starben einschließlich der Totgeborenen		
	in gesunden,	schwindsüchtig belasteten	Trinkerfamilien
im 1. Lebensjahre . . .	18,6	34,7	36,0
mit 1—5 Jahren	4,9	11,57	8,8
mit 6—20 „	1,2	7,36	0
mit 0—20 „	24,7	53,7	44,8
kinderlose Ehen in % . .	9	12	14
auf 1 Familie mit Kindern entfallen Kinder	5,4	6,78	6,94
Absolute Zahl der Kinder	650	95	125

von insgesamt 1328 Kindern der ganzen Untersuchungsreihe.

Trinkerfamilien haben die größte Zahl unfruchtbarer Ehen (14 %), in den mit Kindern „gesegneten“ Ehen aber die größte Kinderzahl (6,94), dennoch nur geringe „Aufwuchs“menge (55,2 % gegen 75,3 % in gesunden). Die Aufwuchsmenge in schwindsuchtbelasteten Familien ist allerdings noch kleiner = 46 % der Geborenen. Geburtenbeschränkung findet in dem streng katholischen Kurbezirke nicht statt. Auch in den gesunden Familien ist die Sterblichkeit groß, da sehr wenige Kinder gestillt werden und diese nur kurze Zeit. Die Säuglingssterblichkeit ist — wie bei Arrivé (30,4) — bei Trinkerfamilien am größten (36 %).

Bei der Tuberkulose erklärt sich der Unterschied — Arrivé hat geringe Sterblichkeit — wohl folgendermaßen: Arrivés Arbeiter dürften größtenteils ihre Krankheit ungünstigen sozialen und wirtschaftlichen Verhältnissen zuzuschreiben haben, welche eine Bazilleninfektion wirksam werden lassen, wenn auch die Anlage (Disposition) zur Schwindsucht fehlt oder gering ist. Diese Tuberkulose ist eine erworbene, also nicht vererbbare, wenngleich übertragbare Krankheit. In meinen Familien aber handelte es sich um familiäre, vererbbare Krankheitsanlage. Darauf weiter einzugehen, gehört nicht mehr in den Rahmen dieser Abhandlung.

Ich will gleich selbst einige Einwände erwähnen, welche gegen meine Arbeit erhoben werden könnten.

Da ich mittlerweile die Arbeiten von Rüdin „Studien über Vererbung und Entstehung geistiger Störungen, I. Zur Vererbung und Neuentstehung der Dementia praecox" und von Weinberg „Die Kinder der Tuberkulösen" kennen gelernt habe, muß ich feststellen, daß die Sterblichkeit der Kinder schwindsuchtbelasteter Eltern in meiner soeben angeführten Statistik u n r i c h t i g, und zwar etwas zu groß angegeben ist. Als schwindsuchtbelastete Familien erklärte ich nämlich in meiner Arbeit „Biologisches und Gesellschafthygienisches von Dürrnberg"[9]) (und ebenso in der Abhandlung „Beiträge zum Zahlenverhältnisse der Geschlechter"[39a])) jene Familien, in denen ein Elter jung an Tuberkulose starb oder in denen mindestens ein Drittel aller Todesfälle durch Schwindsucht verursacht war. Ich habe dadurch eine künstliche Auslese des Materials geschaffen, die nicht statthaft ist; denn es wurde als Gruppierungsprinzip ein Umstand gewählt, der erst zu untersuchen war. Solche Fehler waren und sind noch — bei Nichtberücksichtigung der Arbeiten von Weinberg und Rüdin — bei der Aufstellung von Statistiken häufig zu finden. Bei der S t e r b l i c h k e i t s s t a t i s t i k der T r i n k e r k i n d e r liegt jedoch ein solcher F e h l e r n i c h t vor, vielmehr ist das diesbezügliche Material durchaus „repräsentativ" im Sinne Rüdins, ebenso die Gruppierung zwanglos; kurz, diese Statistik scheint mir einwandfei. Auch die K l e i n h e i t d e r Z a h l e n (1328 Kinder) ist kein Hindernis, wenn man die F e h l e r g r e n z e n berücksichtigt. Zur Berechnung derselben fand ich verschiedene Formeln, und zwar Internationale Monatsschrift zur Erforschung des Alkoholismus 1913, S. 124:

Absoluter mittlerer Fehler = Quadratwurzel aus der Zahl der Beobachtungen multipliziert mit der relativen Häufigkeit des Ergebnisses und deren Komplement.

Der relative Wert = absoluter Wert: Beobachtungszahl.

Mittlerer Fehler der Differenz der beiden Relativzahlen = Quadratwurzel aus der Summe der Quadrate des mittleren Fehlers.

Weitere Angaben über Fehlerberechnungen bei Statistiken finden wir in Gruber-Rüdin[13]) „Fortpflanzung, Vererbung, Rassenhygiene", Lehmann, München, auf S. 20, ferner in Rüdins Arbeit über Dementia praecox in der Tabelle S. 102.

Ein letzter Einwand wäre noch möglich: Die Trinkerfamilien (mit Ausschluß der kinderlosen) zählen durchschnittlich fast 7 Kinder (6,94) gegen 6,35 im Durchschnitte a l l e r Familien. Je kinderreicher Familien sind, desto größer ist aber deren Säuglingssterblichkeit. Es könnte die große Sterblichkeit in den Trinkerfamilien demnach auf den Kinderreichtum derselben zurückzuführen sein. Die diesbezügliche Nachprüfung ergibt aber, daß der größere Kinderreichtum n i c h t genügt, im vorliegenden Falle die übergroße Säuglingssterblichkeit zu erklären. Somit dürfte meine Untersuchung volle Beweiskraft für die keimschädigende Wirkung des Alkohols besitzen und als deutsches Gegenstück zu den Untersuchungen Arrivés und Sullivans gelten können.

Auch die Beobachtung einzelner Familien (Familienforschung) kann wertvoll sein. Als Beispiel sei (nach Schweighofer [10]) folgender Fall angeführt: „Die gesunde Mutter war dreimal verheiratet; aus der ersten Ehe entstammen 3 gesunde Kinder; aus der zweiten Ehe, die mit einem trunksüchtigen Manne eingegangen worden war und nur kurz dauerte, entstammten ebenfalls 3 Kinder; das erste vertrank sich und starb jung an Tuberkulose (die Familie war frei von Tuberkulose), das zweite vertrank sich, entgleiste sozial und entartete völlig; das dritte war infantil, schwächlich, nervös, mit angeborenen Defekten behaftet, es hat sich vielleicht nur deshalb nicht vertrunken, weil es zu schwach ist und zudem in besonders geschützten Verhältnissen aufwuchs. Es ist tuberkulös. Die dritte Ehe mit einem gesunden Vater brachte gesunde Kinder. Dies ein Beispiel für die Alkoholkeimschädigung, wenn keine andere Schädigung konkurriert. Weder in der Familie der Mutter, die in 6 Generationen bekannt ist, noch in der Familie des Vaters sind degenerative Erbtendenzen."

Dieser Fall führt uns die qualitative Schädigung der Nachkommenschaft vor. Und wenn wir bedenken, welch Unglück für die Familie und welcher Schaden für die Rasse aus solch entarteten Abkömmlingen gesunder Familien erwächst, so müssen wir die quantitative Minderung — die Differenz zwischen der großen Kinderzahl der Trinker und deren geringer Aufwuchsmenge — als wohltätige Ausmerzung begrüßen, so schmerzlich auch der frühzeitige Tod der Kinder für die Eltern sein mag. Besser wäre es freilich, das Auftreten solcher Entartung in den Familien durch die keimschädigende Wirkung des Alkohols zu verhüten.

Gewissermaßen ein Mittelding zwischen Familienforschung und Statistik ist die Untersuchung von Prof. Demme in Bern: „Er verglich 10 Trinkerfamilien mit 10 mäßigen Familien; in den Trinkerfamilien waren zusammen 57, in den mäßigen 61 Kinder, also annähernd gleich viel. Während nun von den nüchternen 82 % normal waren, gab es bei den Trinkern nur 18 % normale; 12 starben sehr jung an Schwäche, 8 waren idiot, 13 epileptisch, 5 Zwerge, 5 taubstumm oder hatten andere Mißbildungen, 5 wurden Trinker mit Veitstanz oder Epilepsie" [11]).

Legrain in Paris bringt eine Statistik über 814 Nachkommen von 215 Trinkerfamilien, die er teilweise bis zur 4. Generation verfolgte. „Bei der Geburt starben 21,7 %; 78,6 % überlebten, waren aber in verschiedenem Grade degeneriert. Von diesen Überlebenden waren schwachsinnig, idiotisch 50,3 %; Trinker 30,8 %; in der Kindheit litten an Krämpfen 27 %; geisteskrank wurden 22,7 %, epileptisch oder hysterisch 20,4 %; tuberkulös oder körperschwach 14,5 %; moralisch pervers, Verbrecher 9,7 %; in der Kindheit litten an Gehirnentzündung 6,6 %. Wo 2 oder mehrere dieser Fehler zugleich vorkamen, wurden sie jedesmal gezählt" [12]).

Die Keimschädigung beruht darauf, daß der Alkohol „solche rassenschädigende Faktoren wieder weckt, die vorher durch den Einfluß gesunder Eltern als beseitigt gelten konnten, also überwundene Schädigungen neu hervorruft" (Schweighofer) [10]), daß er also latente abnorme Eigenschaften manifest werden läßt. Dies äußert sich durch Auftreten von Minderwertigkeiten, z. B. verbrecherischen Anlagen, nervösen Leiden, Schwindsuchtsdisposition in sonst tüchtigen, gesunden Familien; besonders häufig in Skrofulose, Rachitis, Infantilismus, langsamem Wachstum, mangelnder Widerstandskraft gegen Infektionskrankheiten, Epilepsie, Nervosität bei den Nachkommen.

„So haben 75 % unserer Geisteskranken in Salzburg notorische Trinker zu Eltern, ich sage notorische, in der ganzen Verwandtschaft als Trinker bekannte, nicht etwa nur mit kritischem Maßstabe des Abstinenten gemessene Mäßige“ (Schweighofer)[10]).

Es könnte daraus die irrige Folgerung abgeleitet werden, daß Keimschädigung durch Alkohol nur bei schweren Formen von Trunksucht zu finden sei — obwohl ja z. B. meine Statistik überwiegend sogenannte „mäßige“ Gewohnheitstrinker umfaßt.

Es wären daher Vergleiche zwischen mäßigen und gänzlich enthaltsamen Familien wertvoll. Dies hat bei der immerhin noch geringen Ausbreitung der Enthaltsamkeit in deutschen Landen seine Schwierigkeit. Es ist bisher nur eine solche Untersuchung, und zwar eine finnländische bekannt, nämlich jene von Laitinen aus 5845 Familien[13]).

	Zahl der Familien	Durchschnittsalter		Zahl der Kinder		Durchschnittsgewicht bei der Geburt		Bis Ende der Beobachtungszeit gestorben	Fehlgeburten
		des Vaters	der Mutter	absolut	auf 1 Familie	Knaben	Mädchen		
Abstinente	1551	39,02	34,56	3695	2,38	3970	3670	13,45 %	1,07 %
Mäßige	1833	39,75	33.40	6673	3.64	3780	3590	23,17 „	5,26 „
Trinker	2461	38,36	34.56	9640	3,92	3700	3460	32,02 „	7,11 „

Diese Statistik zeigt die Schädlichkeit auch kleiner, „mäßiger“ Alkoholmengen (entsprechend 0,2 Liter Bier). Dies kann uns nicht wundernehmen. Denn auch mäßige Mengen von 40—80 g Alkohol wirken nach 24 Stunden noch nach (Versuche von Smith, Kraepelin, Kürz[12]), [14—16]), auf welche wir später noch zurückkommen werden), so daß eine Kumulierung der Wirkung bei täglichem Genusse solcher Mengen zustande kommt und die Keimdrüsen stets unter einer, wenn auch nur leichten, Alkoholwirkung stehen. Namentlich in den Fehlgeburtenzahlen und der Kindersterblichkeit in Laitinens obiger Statistik kommt dies deutlich zum Ausdrucke.

Hier möchte ich zur Wahrung der wissenschaftlichen Objektivität einschalten, daß die Ergebnisse von Demme sowie jene von Legrain von manchen als „nicht beweisend“ hingestellt werden. Die Beweiskraft einer Statistik besitzen sie allerdings nicht. Sie wollen aber auch gar nicht beweisen, daß der Alkohol (oder auch nur der „unmäßige“ Genuß geistiger Getränke) in jedem Falle solch furchtbare Wirkung ausüben müsse. Sie lassen aber doch wohl keinen Zweifel darüber, daß er solch unheilvolle Folgen nach sich ziehen kann und tatsächlich häufig nach sich zieht. Aber wir brauchen ja nur das Leben um uns mit offenen Augen zu betrachten, um genug, ja nur allzu viele solcher Beispiele sammeln zu können. Wir müssen nicht alles in wissenschaftliche Form bringen können, in mathematische Zwangsjacken kleiden. Wir sollen und können auch lose Bilder auf uns wirken lassen. — Bezüglich der Statistik Laitinens muß allerdings bemerkt werden, daß sie Mängel aufweist, und wir erwarten, daß Laitinen in Bälde die nötigen Ergänzungen liefert. Gruber hat in der obenerwähnten Abhandlung[13]) diese Mängel getadelt, und auch in der hier angeführten Tabelle wird dem Leser die Unbestimmtheit des Ausdruckes „bis Ende der Beobachtungszeit gestorben“ aufgefallen sein. Die Tabelle Laitinens sei deshalb einstweilen nur mit Vorbehalt wiedergegeben.

Eine nur vorübergehende, einmalige starke Alkoholwirkung auf die Keimdrüsen wird — im Gegensatze zum chronischen Alkoholismus — wohl keine anatomisch nachweisbaren Veränderungen hervorrufen, wird aber voraussichtlich ebenfalls nicht ohne Einfluß auf die während der Alkoholeinwirkung abgesonderten Samenfäden sein; wir werden daher von der **„Zeugung im Rausche“** nicht immer vollwertige Nachkommen erwarten können.

Während beim chronischen Alkoholismus durch Bertholets u. a. Untersuchungen Beweise für die Schädigung der Keimdrüsen erbracht wurden, aus welchen sich alle angeführten Folgen für die Nachkommenschaft zwanglos erklären lassen, wird es schwieriger sein, die schädigende Wirkung des akuten Rausches wissenschaftlich einwandfrei zu beweisen, um nicht durch voreiliges „post hoc ergo propter hoc“ irregeführt zu werden. Denn es liegen viele, sehr viele Beobachtungen vor, daß im Rausche gezeugte Kinder minderwertig waren, — aber konnte da nicht zufällig auch eine andere Entstehungsursache wirksam gewesen sein?

Naecke[17]) stellt deshalb für einen vollgültigen Beweis einer Keimschädigung bei akuter Alkoholvergiftung folgende Bedingungen, die von Holitscher[18])[19]) für 3 Fälle erfüllt wurden, soweit sie überhaupt erfüllbar sind:

„1. Einigung über die Definition des Rausches, richtiger: akute Alkoholintoxikation, welche je nach der Konstitution nach ungleich großen Mengen Alkohol eintreten kann; hierbei spielen Erinnerungstäuschungen und subjektive Wertungen stark mit;
2. Feststellung des einmaligen Geschlechtsverkehrs der Frau;
3. Ausschluß von Krankheit oder Minderwertigkeit bei Mann und Frau zur Zeit des Beischlafes. Dabei sind latente angeborene oder erworbene Anlagen und vorübergehende Störungen zu berücksichtigen, aber oft selbst durch genaue Untersuchungen nicht auszuschließen;
4. Nachweis, daß der Alkohol in die Samenzellen oder das Ovulum eingedrungen ist, dort Strukturveränderungen veranlaßt hat und diese die beobachteten Krankheitserscheinungen gesetzt haben.“

Vollkommen könnten diese Bedingungen wohl nur im Tierexperimente erfüllt werden (dies geschah am besten in den Versuchen von Feré[4]) und Iwanow), immerhin werden 3 Fälle von Holitscher als möglichst einwandfrei anerkannt:

„1. Fall: Eltern im besten Alter, 4 gesunde Kinder, rasch aufeinander folgend, dann 2½ Jahre Kontinenz, eines abends nach 7½ Liter Bier Nachlässigkeit und regulärer Koitus, nachher sofort wieder die gewohnten Vorsichtsmaßregeln; Kind jetzt 4 Jahre alt, chronischer Hydrozephalus, imbezill.

2. und 3. Fall ähnlich; 2—5 normale Kinder, dann Sterilitätspause von 3 und 3½ Jahren, die eine Frucht nach zahllosen eklamptischen Anfällen nach 1½ Jahren gestorben, das Kind des anderen Falles hochgradig rachitisch, skrofulös, kann mit 5 Jahren nur unvollständig sprechen.

In zwei anderen ähnlichen Fällen, wobei aber die Aszendenz getrübt ist, hat wahrscheinlich die akute Alkoholvergiftung die Minderwertigkeit wenigstens teilweise mitverschuldet, denn die früher geborenen Kinder zeigen bis jetzt (!) keinerlei Degenerationszeichen. Mikrochemische und mikroskopische Untersuchungen fehlen, „weil unerfüllbar". „Zeugung im Rausche kann somit mitunter Minderwertigkeit der Frucht zur Folge haben" (Otto Diem)[18]).

Wir können daher auch andere Untersuchungen und Beobachtungen, wie die statistischen Zeugungskurven Bezzalos[1])[12]) und Schweighofers[10]) wohl etwas kritisch beobachten, dürfen sie aber nicht rundweg ablehnen, wie es selbst manche Abstinente tun; denn diese Zeugungskurven bestätigen, daß zu Zeiten gehäuften Vorkommens von akuten Alkoholvergiftungen auch zahlreicher minderwertige Früchte und Kinder geboren werden. Sie sagen dasselbe wie folgender Bericht eines pfälzischen Pfarrers: „Wenn bei uns ein gutes Weinjahr ist, so pflegen die Leute bei der Weinlese ihre schlechten Witze zu machen über das Schülermaterial, welches 6 Jahre später in die Schule einzutreten hat"[11])! Die gleiche Beobachtung wird übrigens auch von österreichischen Lehrern gemeldet.

Auch diese Urteile einfachen gesunden Menschenverstandes sollen wir nicht außer acht lassen, wenn wir sie auch nicht als Dogmen aufstellen wollen. Gute, scharfe Kritik wirkt befruchtend, zu weit gehende zersetzend. (Vgl. auch Helenius, I. M. 1912.) Man sieht uns ohnedies im gegnerischen Lager scharf auf die Finger, und wir hüten uns, leichtfertige Behauptungen aufzustellen, haben dies in Anbetracht der vorliegenden einwandfreien Tatsachen auch nicht nötig.

Manche leugnen u. a. den Wert der Tierversuche bzw. stellen in Abrede, daß aus ihnen für den Menschen gültige Schlüsse gezogen werden können. Meines Erachtens mit Unrecht, wenigstens soweit es sich um Versuche an Wirbeltieren handelt. Außer den bereits genannten von Feré und Iwanow scheinen besonders zu erwähnen jene von Laitinen[20]) und Stockard (I. M. 1914, S. 175).

Charles Stockard (New York) behandelte Meerschweinchen mit Alkoholdämpfen, welche auf die Tiere eine berauschende Wirkung ausübten. Doch ergaben Sektionen nie krankhafte Veränderungen innerer Organe (wie sie Bertholet beschrieb).

Zahl und Art der Paarungen	davon ohne Erfolg	Fehl- und Tot-geburten	mit wieviel Jungen	Lebend-geburten	deren Jungen bald gestorben	über-lebend
Alkoholische Männchen mit normalen Weibchen 59 mal	25	8	15	26	21	33
Normale Männchen mit alkoholischen Weibchen 15 mal	3	3	9	9	9	10
Alkoholische Männchen mit alkoholischen Weibchen 29 mal	15	3	6	11	7	9
Summe Paarungen 103 mal	43	14	30	46	37	52
Normale Männchen mit normalen Weibchen 35 mal	2	1	4	32	4	56

Wir sehen somit auch beim Tierversuche Herabsetzung der Fruchtbarkeit, ferner in jenen Fällen, in denen Empfängnis erfolgte, zahlreichere Tot- und Fehlgeburten, nur in 45 % lebende Würfe gegen 91 % bei den nicht alkoholisierten Kontrolltieren; von den lebendgeborenen Jungen sterben noch ²/₅ in den ersten Lebenstagen (gegen 6,6 % bei den Kontrolltieren). Wenn beide Eltern alkoholisiert waren, sind von 29 Paarungen nur 14 erfolgreich. Die qualitative Schädigung zeigt sich in Zwergwuchs und Störungen des Nervensystems. Paarungen von Jungen (Tieren der zweiten Generation) habe ich hier nicht angeführt. Sie sind noch zu wenig zahlreich, um weitere Schlüsse zu ziehen, nur eine Verminderung der Fruchtbarkeit ist schon jetzt mit Sicherheit zu erkennen, obwohl die Tiere der 2. Generation nicht alkoholisiert wurden. Die Tierversuche bestätigen also in weitgehendem Maße die Erfahrungen am Menschen. Sie sollten an anderen Tieren (nicht nur an den bekanntlich überempfindlichen Meerschweinchen) bei möglichst natürlichen Verhältnissen (freier Bewegung) fortgesetzt werden. Einstweilen bleiben Bertholets[3]) anatomische Untersuchungen beim Menschen maßgebend und grundlegend.

Wo es sich um so grob anatomische (histologische) Veränderungen der keimbildenden Drüsen handelt, werden wir wohl auch tiefgreifende Änderungen der Keime selbst, des Idioplasmas (des Idiotypus Siemens[21]), Ploetz' Archiv Bd. 12, S. 263) annehmen müssen, daher eine sich unbegrenzt weiter vererbende Schädigung, welche freilich in jeder weiteren Geschlechtsfolge durch Kreuzung (amphimixis) mit gesunden Familien abgeschwächt, ja zum Verschwinden gebracht werden kann. Diese Änderung des Genotypus (Idiotypus) würde eine bleibende Verschlechterung der Rasse bedeuten; namentlich wenn durch Übergreifen der Trinksitten auf die Frauenwelt die „gesunden" Familien noch seltener werden, müßte dies zu rascher Entartung der Rasse führen.

v. Gruber (I. M. 1916, S. 77) bemerkt hierzu: „Eine ungeheure Menge von Individuen, die nach dem ursprünglichen Genotypus der Eltern vorzügliche Glieder ihres Volkes, wertvolle Plusvarianten hätten werden können, werden so als mehr oder weniger unverbesserliche Minusvarianten erzeugt und geboren! Viel umstritten ist die Frage, ob diese Minusvarianten auch im Genotypus jenes Teiles des Keimplasmas, den sie bei der Fortpflanzung weitergeben, verdorben sind, also keine tadellose Nachkommenschaft mehr zu liefern imstande sind, oder ob sie nur individuelle Verkümmerungen sind. Es scheint, daß man eine Zeitlang diese Frage zu pessimistisch betrachtet hat. Wenn nicht die Schädlichkeit neuerdings einwirkt, scheint wenigstens in vielen Fällen eine rasche oder allmähliche ‚Erholung' des Idioplasmas eintreten zu können."

Baur[22]) ist der Ansicht, daß es sich bei der Keimschädigung durch Alkohol auch um Modifikationen, nicht um Mutationen handeln könne (im Sinne Siemens' also um Parakinese, Nebenänderung, nicht Erbänderung).

Aber mag es sich um Erbänderung und weitere Vererbung (Änderung des Genotypus) oder auch nur um Nebenänderung mit Nachwirkung nebenbildlicher Eigenschaften (Paraphorie), also Änderung des Phänotypus handeln, die praktische Folgerung bliebe die gleiche: Fort mit dem Alkohol als Genußmittel! Denn durch die Ausschaltung des Alkohols würde im ersteren Falle (Idiokinese) wenigstens eine Besserung der durchschnittlichen Erbmasse des Volkes eintreten, in letzterem Falle aber würde innerhalb weniger Geschlechtsfolgen eine vollkommene Heilung unseres Volkskörpers von den Alkoholschäden und eine ganz gewaltige Hebung unserer Volkskraft zu erwarten sein. Wir dürfen um so weniger zögern, den Alkohol als Genußmittel zu verbannen, da ein allgemeiner „mäßiger" Genuß eine Utopie ist; und wenn eine solche „Mäßigkeit" durchführbar wäre, würde sie auch nur „mäßigen", aber keinen gründlichen Erfolg haben, nur Besserung erzielen, wo wir Heilung erhoffen dürften. Wer wird sich mit Halbheiten begnügen, wenn er ganzen Erfolg ebensoleicht, sogar leichter erzielen kann? Wir sind es unserem Volke schuldig, mit dem Beispiele voranzugehen; aber auch für die Einzelmenschen lohnt sich der Verzicht auf den Alkohol; denn sie werden sagen: „Wir entbehren nichts! Wir haben nur gewonnen an Arbeitskraft, an Lebensmut, an Glück und Freuden!" (v. Bunge)[23]). Nun behaupten aber manche: gerade durch das Fortbestehen des Alkoholismus wird infolge seiner Auslesewirkung eine gründliche Heilung erzielt. Es ist daher gar nicht nötig, ja gar nicht zweckmäßig und rassedienlich, diese Auslesewirkung des Alkohols auszuschalten. Ja, folgerichtig wäre sie zu fördern, die rascheste und weiteste Verbreitung der Trinksitten wäre zu wünschen, damit alle „Trinker" gründlich ausgemerzt werden. Diese Anschauung beruht auf irrigen Voraussetzungen. Denn erstens nimmt sie wohl an, daß nur Degenerierte zu Trinkern werden. Die Trunksucht beruht aber nur in etwa 20 % der Fälle auf solch vererbter Anlage[24]). Zweitens wirkt selbst in diesen schwersten Trunksuchtsfällen die Auslese viel zu langsam; wir besitzen Mittel und Wege, sie auf andere Weise viel rascher und sicherer zu besorgen.

Wir wollen zuerst diese auf Entartung beruhenden Trunksuchtsfälle besprechen, welche der Auslese verfallen sollen. Man denkt hierbei wohl an das Schema Legrains:

„1. Generation: einfache Trinker;
2. „ : belastete Trinker mit Auftreten von Hirnerscheinungen, z. B. delirium tremens u. a. geistige Abnormitäten;
3. „ : in der Kindheit Krämpfe, dann Geisteskrankheiten, Gehirnerweichung und Aussterben.“

Ähnliche ist das Schema Morels:
„1. Generation: alkoholische Exzesse und moralische Verwilderung;
2. „ : Trunksucht, Manie, Gehirnerweichung;
3. „ : Hypochondrie, Selbstmord, Mordideen;
4. „ : Verblödung, Aussterben.“

Auch Darwin spricht von Aussterben in der 4. Geschlechtsfolge. Diese absterbenden Zweige der Gesellschaft sind eine Last; sie gefährden oft die Umgebung, verursachen Kosten; ihre Wärter könnten besser produktive Arbeit leisten. Deshalb ist es auch ganz irrig, wenn mancher meint, die Trunksuchtsfrage kümmere ihn nichts. Denn (abgesehen davon, daß solche Äußerungen einen Mangel an sozialem Empfinden beweisen) an den durch Trinker verursachten öffentlichen Lasten (Armenhaus-, Spitalskosten usw.) hat jeder einzelne Steuerträger mitzutragen.

Wenn degenerierte Trinker als solche erkannt sind, könnten sie wohl besser schon in der ersten oder zweiten Geschlechtsfolge zum Aussterben gebracht werden. In Amerika will man diese Entarteten unfruchtbar machen, in Deutschland durch Abschließung in ländlichen Siedlungen ebenfalls an der weiteren Fortpflanzung hindern. Dies geht rascher und sicherer als zu warten, bis die Natur nach einem der obigen „Schemata“ das Aussterben besorgt, was sie übrigens durchaus nicht immer tut. Paulsen (Ploetz' Archiv 1914/15) erwähnt den Fall des amerikanischen Fischers Jukes, der im 18. Jahrhundert lebte. „Er war Trinker, sonst gesund und rüstig. Von ihm stammen 7 Geschlechtsfolgen mit 709 Nachkommen, welche beobachtet wurden. Darunter waren 174 Prostituierte, 18 Bordellbesitzer, 77 Verbrecher (einschließlich 12 Mörder), 64 lebten im Armenhause, 142 in öffentlicher Armenunterstützung, 85 litten an Entartungskrankheiten; die meisten tranken. In der 5. Geschlechtsfolge waren alle weiblichen Glieder Prostituierte, alle Männer Verbrecher. Die Unkosten für den Staat betrugen in 75 Jahren über $1^1/_4$ Million Dollar.“

Ein andres Beispiel ist Jörgers Vagabundenfamilie Zero (Ploetz' Archiv 1905), in welcher der Alkoholismus ebenfalls eine bedeutende Rolle spielt.

Die Sterblichkeitsauslese ist also unzuverlässig und zum mindesten langsam. An Stelle der aussterbenden Familien treten aber immer neue solcher morschen Zweige. Denn solange es geistige Getränke gibt, gibt es auch Unmäßigkeit und deren Folgen. Solange wir den Zuflußhahn der Wasserleitung offen lassen, wird die Badewanne nie leer, solange wir sie ausschöpfen mögen. Letzteres hat erst Erfolg, wenn wir den Hahn zudrehen[25]). Sonst leisten wir Danaidenarbeit.

Es ist ferner ein großer Irrtum, zu glauben, daß nur Entartete, erblich Belastete zu Trinkern werden, wie Lasegue („Wer nicht will, trinkt nicht“) 1870 und Dejerine 1886 („Die Giftsüchtigen verdanken ihre Sucht hauptsächlich ihrer besonderen Veranlagung“) meinten, oder daß die meisten Trinker erblich belastet seien, wie Rybakow und Geelvink auf Grund psychiatrischen Materiales annehmen. Nicht im Irrenhause, sondern an der Gesamtbevölkerung muß diese Frage erforscht werden. Da ergibt sich, daß 1. viele Trinker nicht als degeneriert zu betrachten sind; daß 2. der Alkoholismus eine Folge von Degeneration sein kann, anderseits zur Entartungsursache in vorher gesunden Familien werden kann; 3. daß außer der Veranlagung und den inneren Ursachen zur Entstehung der Trunksucht äußere Ursachen nötig sind (die Trinksitten); 4. daß die Trunksucht oft heilbar ist, also keine Entartung des Trinkers selbst erzeugt; auch die Kinder geheilter Trinker sind normal (wenn sie längere Zeit nach dem Einsetzen der Enthaltsamkeit gezeugt wurden), nur die im chronisch alkoholischen Zustande gezeugten Kinder können abnorm oder degeneriert sein. In der Gruppe der Trinker (Gewohnheitstrinker und periodisch Trunksüchtigen) werden wir demnach bei genauer Beobachtung verschiedene Formen unterscheiden können:

1. Erblich Belastete, die unrettbar der Trunksucht verfallen sind; hierher dürften die meisten periodisch Trunksüchtigen gehören; wenn es keinen Alkohol gäbe, würde sich die Krankheit vielleicht (??) in anderer Form äußern, etwa in sexuellen Perversionen, in Manifestwerden „unbewußter Homosexualität“ *.
2. Erblich Belastete, die nur zu schwach sind, den Versuchungen der Trinksitte zu widerstehen; bei Ausschaltung der letzteren würden dieselben völlig normal bleiben; oft sonst hochwertige, nur etwas willensschwache, leicht beeinflußbare Menschen; vererbt wird die „Anlage zur Trunksucht“ nicht; eine solche gibt es nämlich gar nicht; vererbt wird in diesen Fällen die allgemeine neuro- oder psychopathische Körperverfassung (Konstitution) und Willensschwäche; das übrige erklärt sich aus den Umweltverhältnissen. Trinkerkinder werden mitunter schon früh zum Trinken „erzogen“. Umgekehrt kann gerade diese Umgebung, das häusliche Trinkerelend, auf das Kind so abstoßend wirken, daß es einen Widerwillen gegen das Trinken bekommt (Roman „Der Osterprinz“ von Hans Z. v. Kraft).
3. Ganz Gesunde, nicht Belastete; sie werden nur durch die Trinksitte, durch äußere Verhältnisse mehr oder weniger gezwungen zu trinken, wie der Geschäftsreisende, der gewerbetreibende Bürger; so kommt es zur Trinkgewohnheit; dieselbe kann leicht zur Trunksucht führen; letzteres ist aber gar

* S. Internat. Monatsschrift 1912, S. 176, Bleuler „Alkohol und Neurosen“; S. 480, Holitscher „Die Lehre Freud's und die Abstinenzbewegung“; I. M. 1913, S. 21, Forel „Die Lehre Freud's und die Abstinenzbewegung“; S. 120, Juliusburgers Antwort; S. 420, Schluß Juliusburgers und Holitschers.

nicht nötig, um die übelsten Folgen hervorzurufen; auch die gewöhnliche Trinkgewohnheit genügt vollkommen zur schwersten Schädigung der eigenen Gesundheit und zur Keimvergiftung.

Verwandt mit diesem „Geschäftsalkoholismus“ ist der bürgerliche „Behäbigkeits“- oder „Wohlhabenheits“-Alkoholismus. Auch er wurzelt in der Trinksitte. Er ist Modesache und lebt und stirbt mit der allgemeinen Trinksitte.

Ein anderer Verwandter, nämlich den äußeren Verhältnissen entstammend, ist der Not-Alkoholismus, den Wilhelm Busch mit den Worten kennzeichnet: „Wer Sorgen hat, hat auch Likör.“ Er wird besonders dem Arbeiterstande gefährlich. Doch ist es irrig, die Not als alleinige Ursache des Alkoholismus zu betrachten, wie manche Arbeiterführer es taten.

In der dritten Gruppe sehen wir also verschiedene Formen; gemeinsam ist die äußere Ursache, die Bedingtheit durch die Trinksitte, die Umwelt, die gesellschaftlichen Verhältnisse und Mißstände. Damit ist auch der Weg zur Heilung des Übelstandes gegeben, zur Beseitigung des Alkoholismus in den breiten Massen der Bevölkerung. Es handelt sich dabei meist gar nicht um Trunksucht, sondern um die nicht minder verhängnisvolle Trinkgewohnheit.

4. Ganz Gesunde, nicht Belastete, die eben deshalb, weil sie gesund sind, sich austoben wollen, sei es im Trinken, sei es geschlechtlich, oder auch in beiden Formen, sei es sonstwie, weil Erziehung und Umwelt nicht für bessere Verwertung ihres Kraftüberschusses sorgen. „Trunksucht und Unzucht sind die beiden Hauptformen mißverstandener, abgeirrter Lebensfreude“ (Martius). Wenn man will, mag man auch diese Gruppe in Unterabteilungen zerlegen, wie es Wanderer in der Vortrupp-Flugschrift Nr. 22 „Siivert Taaken“ tut. Er unterscheidet feine, zartbesaitete, geniale Naturen, ferner Draufgängernaturen, endlich schöpferische Tatmenschen. Diese vierte Gruppe enthält Edelgut unseres Volkes.

Die (unheilbaren) Fälle der ersten Gruppe umfaßten nach Delbrück (s. ob.)[24]) nur etwa den fünften Teil aller Trinker. Manche schätzen ihre Zahl höher, bis zu 50 %, ein; das hängt natürlich auch davon ab, ob wir nur schwere Fälle krankhafter Trunksucht berücksichtigen, oder ob wir, wie es entschieden richtiger ist, auch diejenigen als Trinker bezeichnen, die täglich gewohnheitsmäßig größere Alkoholmengen genießen und sich so daran gewöhnten, daß sie auf die Entziehung „ihres Quantums“ mit lebhafterem Unlustgefühle reagieren, welch letzteres eben schon beginnende Trunksucht beweist, obwohl die Betreffenden die Bezeichnung „Trinker“ entrüstet ablehnen würden. Sie sind es aber. Die ausgesprochen „notorischen“ Trinker möchte ich zum Unterschiede als „Säufer“ bezeichnen. Der Unterschied ist aber nur graduell. Bestimmte Grenzen sind hier ebensowenig zu ziehen als zwischen „mäßig“ und „unmäßig“.

In der ersten Gruppe nun werden wir viele Säufer finden. Ihre Fortpflanzung ist zu verhindern, da unter ihren Kindern viele Minderwertige sein würden. Aber alle übrigen Trinker, wir werden mit der Annahme von 80 % nicht irregehen, verdienen gewiß nicht, von der Fortpflanzung ausgeschlossen zu werden. Sie müssen geheilt werden und wir müssen Sorge tragen, daß nicht immer neue Mitglieder diesen drei letzten Gruppen zuwachsen. Besonders gilt dies von der vierten Gruppe!

Denn in ihr sehen wir viele der Tüchtigsten unseres Volkes, edle, geniale Menschen, begabte und begeisterte Tatmenschen, Führernaturen, schöpferische Kräfte, kurz Männer, wie wir sie eben brauchen könnten, ja, dringend not hätten!

Sie können alt werden und bis an ihr Ende trinkfeste Kraftnaturen bleiben. Aber selbst in diesem — seltenen — Falle ist es sicher, daß sie ohne ihre Trinkgewohnheit noch mehr hätten leisten können. Häufiger verfallen sie Krankheiten und vorzeitigem Tode. Oft aber werden sie im weiteren Verlaufe ihres Lebens gerade ihrer besten Eigenschaften beraubt: der geniale Schwung der Gedanken erlahmt, die Tatkraft nimmt ab; aus dem vielversprechenden strammen Burschen wird ein echter „Philister" und mittelmäßiger, oft willensschwacher, ja, leistungsunfähiger Mensch. Gerade bei den germanischen Völkern scheint diese vierte Gattung Trinker häufiger vorzukommen (van der Smissen)[26]. Sie haben aber auch die Kraft bewahrt, sich wieder aus dem Sumpfe herauszuarbeiten und eine kräftige Enthaltsamkeitsbewegung einzuleiten, die den romanischen Völkern fehlt.

Man denke an Hamlet:

„Dies schwindelköpf'ge Zechen macht verrufen
Bei andern Völkern uns in Ost und West.
Man schilt uns Säufer, hängt an unsre Namen
Ein schmutzig Wort —"

ich muß dabei an das in Italien übliche „porco tedescho" denken, mit dem die Italiener unsere Vorliebe für ihre Osterien quittieren. Und doch kam aus Dänemark der Guttemplerorden ins deutsche Reich[27][28]. Dänemarks Schnapsverbrauch (auf Kopf und Jahr) sank seit 1871/80 bis 1906/10 von 18,6 auf 10,4 Liter. Island ist so gut wie alkoholfrei. Die nordischen Völker haben einsehen gelernt, daß sie ihre Kraft verwerten, nicht vergeuden sollten. Wann machen wir's ihnen nach?

Mit der Auslese ist es also nichts, denn sie beträfe gute und schlechte Varianten, letztere oft zu langsam, erstere nur allzu schnell! Besonders muß aber nochmals betont werden: es handelt sich bei der Betrachtung der „Keimschädigungen" durchaus nicht nur oder vorzugsweise um Säufer, um Trunksüchtige höheren Grades; unermeßlich ist vielmehr der Schaden, der durch den Trunk der „Mäßigen" — diesen Begriff dehnt jeder nach Belieben — und durch den scheinbar unschuldigen Suff der „Trinkfesten" bei den Trinkenden selbst und deren Nachkommen angerichtet wird. Die Dehnbarkeit der erwähnten Begriffe wird am schönsten gezeigt an der „Predigt des Weihbischofs“ in Goethes „Rheinreise“ (St. Rochusfest zu Bingen 16./8. 1814).

Ich dächte, wir könnten aus obigen Ausführungen erkennen, daß die gesundheitliche Kraft unseres Volkes besser sein könnte, wenn auch die „mäßigen“ Keimschädigungen vermieden würden, und wenn die Nachkommenschaft der „Trinkfesten“ vom elterlichen Trunke unberührt bliebe; oder sollten wir annehmen, daß die Keimzellen der letzteren, die gewiß oft recht tüchtige Menschen der „vierten Gruppe“ sind, gegen Alkohol gefeit seien? Diese Annahme würde sich leicht widerlegen lassen. Denn die Trinkfestigkeit ist nur „eine dem gesellschaftlichen und ästhetischen Bedürfnis der Gebildeten sich anpassende und besondere und besonders heimtückische Form des chronischen Alkoholismus“ (Meinert)[29].

Die Erreichung solcher Trinkfestigkeit ist ein erstrebenswertes Ziel des größten Teiles unserer akademischen und militärischen Jugend, der „Blüte unseres Volkes“. Die große Masse unserer Bürgerschaft huldigt dem gewohnheitsmäßig „mäßigen“ Genusse, der Arbeiter- und Bauernstand ist der Trinksitte nicht minder unterworfen.

Wo sie vor wenig Jahrzehnten nur zu „allen heiligen Zeiten“ herrschte, wird sie immer mehr tägliche Gepflogenheit.

Wir Deutsche sind ein reiches und gesundes Volk, wir können uns dies leisten! So sagte wohl mancher. War dies wirklich so? Unseren Reichtum hätten wir wahrlich besser verwenden können als zur Schädigung der Gesundheit. Es gab genug Reformen, die nötig gewesen wären, zu denen uns aber stets das Geld fehlte! Bezüglich der Gesundheit lasse ich Paulsen sprechen (Ploetz' Archiv XI „Die Herrschaft der Schwachen“): „Wenn man die ungeheuren Mengen geistig und körperlich Minderwertiger ins Auge faßt, so muß man zu der Annahme kommen, daß der mittlere Gesundheitszustand in Deutschland nicht erfreulich ist. Zu einem Drittel wird von vertrauenswürdiger Seite die Zahl dieser Minderwertigen angenommen; sie drücken das mittlere gesundheitliche Niveau außerordentlich herab.“ Und er spricht von Tuberkulose, Nervenschwäche, Geisteskrankheiten, Geschlechtskrankheiten und sonstigem, auch vom Alkoholismus. Die an manchen Orten stark geminderte Tauglichkeitsziffer bei den militärischen Musterungen, die Zahl der Schulschwächlinge gehört hierher, ferner die zunehmende Unfähigkeit der Mütter, ihre Kinder zu stillen[30]). v. Gruber[31]) schildert die Tendenz der wohlhabenden Familien zum Aussterben, er betont besonders die Schwächung des sittlichen Charakters, das Nachlassen der Willenskraft. Er erörtert die verschiedenen, hier zusammenwirkenden Ursachen des Geburtenrückganges. Unter ihnen ist — der Alkohol. An anderer Stelle[32]) spricht von Gruber sein Urteil kürzer aus: „Wenn man bedenkt, wie plötzlich oft diese sittliche Degeneration einsetzt, wie bei den Kindern von Tatmenschen oft keine Spur von Tatkraft und Wagemut mehr vorhanden ist, Schlaffheit, Wehleidigkeit und Feigheit den ganzen Menschen wertlos machen, kann man den Eindruck nicht los werden, daß es sich hier um wirkliche Krankheit handle, daß etwa die ununterbrochene Vergiftung unserer Gehirne durch den Alkohol nicht wenig dazu beitrage*, uns in diese Richtung des Verlangens nach schlaffem Genuß zu drängen und unsere Tatkraft zu brechen."

Feminismus, weibische Schlaffheit, Schwatzhaftigkeit (auch in Parlamenten zu beobachten), Rührseligkeit (auch übertriebenes Mitleid mit den feindlichen Völkern, die gewiß kein solches mit uns haben, nicht einmal mit den Gefangenen) sind bezeichnend für die Gehirnwirkung des Alkohols (wenngleich auch andere Umstände hier mitwirken). Dieselben Eigenschaften treffen wir aber auch beim Klimakterium virile (Marcuse)[33]. Sollte uns dies nicht darauf hinweisen, daß neben der nervenzerrüttenden Wirkung des Alkohols auch

Störungen der inneren Sekretion

der Keimdrüsen vorliegen könnten?

Tatsächlich finden wir bei alkoholischer (allerdings auch bei syphilitischer, tuberkulöser u. a.) Degeneration der Keimdrüsen auch Veränderungen (zuerst deutliche Vermehrung) der Leydigschen (interstitiellen) Zellen des Hodens. Aus der Vermehrung dieser für die innere Sekretion maßgebenden Zellen können wir auf eine mögliche Änderung ihrer Funktion schließen, welche nicht mit einer Steigerung identisch zu sein braucht. Daß diese Änderung nicht gleichbedeutend mit einer Vermehrung der Hormonwirkung ist, können wir aus den Tatsachen schließen: es kommt allerdings zu der schon erwähnten „reizsteigernden Wirkung", — Trinker, Syphilitiker, Tuberkulöse** zeugen viele Kinder — aber ihr folgen die obenerwähnten, dem Wesen der „Männlichkeit" fremden, dagegen für Kastraten bezeichnenden Veränderungen. Es ergibt sich dadurch oft das seltsame Gemisch von scheinbarer Geschlechtskraft und allgemeiner Schwäche.

Der Trinker „schwankt zwischen ungestümen Anläufen eines übertriebenen Kraftgefühles und Verzagtheit und Trägheit". Die indirekte Wirkung des Alkohols durch Beeinflussung der inneren Sekretion der Keimdrüsen ist meines Wissens bisher unbeachtet geblieben. Die „Gehirnwirkung" und die „Hormonwirkung" lassen sich freilich kaum trennen und unterscheiden. Für die praktischen Folgerungen ist diese theoretische Frage nebensächlich. Wissenschaftlich ist sie wohl ein unlösbares Problem? In jedem Falle handelt es sich um Abnormitäten, deren Ursache meist der Alkohol ist.

Diese abnorme „Richtung des schlaffen Genusses und mangelnder Tatkraft" ist ein Hauptgrund, warum Kindersegen als Last empfunden und deshalb verhütet wird***.

Unsere bisherigen Erörterungen zeigen den Alkohol als Zerstörer der Keimdrüsen, dadurch als eine Ursache der Unfrucht-

---

* Es wird nämlich niemand behaupten, daß er die alleinige Ursache aller gesundheitlichen Schäden sei oder auch nur die alleinige Ursache der von Gruber betonten Willensschwäche! Aber sein „Beitrag" wird gemeinhin gewaltig unterschätzt!

** „omnis phtisicus salax".

*** U. a. von Gruber, Archiv f. phys.-diät. Therapie, spricht von „Bierphilister" und „Kinderscheu".

barkeit, in anderen Fällen als Schädiger der Nachkommenschaft an Zahl und Tüchtigkeit, sie zeigen ihn als Mitschuldigen an dem Sinken unserer Tatkraft, als Miturheber der gewollten Kinderbeschränkung. Eine wichtige Funktion im „Geschlechtsleben" kommt auch der **Milchdrüse** zu. Die Töchter von Trinkern verlieren häufig die Fähigkeit, ihre Kinder selbst ausreichend zu stillen. Dies hat von Bunge durch seine Sammelforschung [30]) und Statistik erwiesen. Ich will hier nur das Hauptergebnis derselben kurz zusammenfassen. Um eine etwa von der Mutter ererbte Stillunfähigkeit ebenfalls in Betracht zu ziehen, wurde auch die Fähigkeit der Mütter festgestellt. Es ergab sich nun folgende Beziehung zwischen Stillfähigkeit der Töchter und Alkoholverbrauch des Vaters:

Mutter und Tochter sind zum Stillen befähigt:

bei nicht gewohnheitsmäßigem	Alkoholgenuß	des	Vaters	in	56,7 %	der	Familien
„ gewohnheitsmäßig mäßigem	„	„	„	„	34,7	„	„	„
„ „ unmäßigem	„	„	„	„	6,8	„	„	„
„ Trunksucht		„	„	„	1,8	„	„	„

Die Mutter ist stillfähig, die Tochter jedoch nicht:

bei nicht gewohnheitsmäßigem	Alkoholgenuß	des	Vaters	in	10,7 %	der	Familien
„ gewohnheitsmäßig mäßigem	„	„	„	„	16,3	„	„	„
„ „ unmäßigem	„	„	„	„	33,1	„	„	„
„ Trunksucht		„	„	„	39,9	„	„	„

Die Größe des väterlichen Alkoholverbrauches steht in offenbarer Beziehung zur Stillunfähigkeit der Töchter.

Die gegen diese Statistik v. Bunges erhobenen Einwände entspringen meist einer anderen Auffassung des Begriffes „Stillunfähigkeit". v. Bunge versteht darunter das Unvermögen, ein Kind durch 9 Monate ausreichend, d. h. ohne wesentliche sonstige Beikost, nur an der Mutterbrust zu nähren *. Auch ehemalige Gegner beginnen die Beweiskraft der v. Bungeschen Statistik anzuerkennen. So schreibt Elster [34]): „Ich für meinen Teil muß meine skeptischen Einwände (Jahrbücher d. Nationalökonomie) zurückziehen; v. Bunge hat ein so umfangreiches statistisches Material (2709 Fälle) ** bearbeitet und hat die Frage nach jeder Richtung so sorgsam und kühl untersucht, daß ich an der Wahrheit seines Satzes keine Zweifel mehr haben kann. Hier ist Gefahr vorhanden und nur die strengsten Abwehrmittel gegen den Alkoholismus können vor einem apokalyptischen Schicksal bewahren."

Denn die Unfähigkeit zu Stillen ist ein echtes Degenerationszeichen. Wenn sie bei einem Naturvolke allgemein auftreten würde, müßte sie notwendig zum Aussterben führen, ebenso wie die mit ihr in inniger Beziehung stehende Entartung unserer Zähne [30]) [35]). Wenn es uns gelang, für Muttermilch Ersatz zu finden in der Tiermilch oder in chemischen Erzeugnissen (Kindermehle), so ist diese Errungenschaft doch nur ein Surrogat, ein „Ersatz" mit der üblen Nebenbedeutung, die wir mit diesem Worte namentlich seit der Kriegszeit verbinden. Dies macht sich dadurch be-

* Wenn es also sorgfältigen Ärzten gelingt, angeblich gänzlich Stillunfähige für einige Wochen oder Monate leidlich „stillfähig" zu machen, so können diese Fälle dennoch nicht gegen v. Bunges Statistik ins Treffen geführt, sie müßten vielmehr als „stillunfähig" betrachtet werden.

** Die Sammlung wird fortgesetzt.

merkbar, daß Kinder, welche mit dieser „künstlichen“ Ernährung vorliebnehmen müssen, größere Säuglingssterblichkeit haben und auch im späteren Leben den Brustkindern gegenüber durchschnittlich schwächer bleiben, was sich u. a. an ihrer minderen Rekrutentauglichkeit nachweisen läßt (Marie Baum[13]), Epstein[36]), Röse * Graßl).

Bezeichnenderweise bestehen historische Berichte über Verbreitung der Stillunfähigkeit erst seit Verbilligung und Verallgemeinerung des Gebrauches geistiger Getränke — etwa seit der Zeit des Dreißigjährigen Krieges.

Der Alkohol begnügt sich nicht, die Keimdrüsen zu schädigen, oft sogar zu zerstören, sondern er greift unmittelbar und mittelbar auch den ganzen Menschen, die verschiedensten Organe desselben an, — führt dadurch zum **Tode des Einzelmenschen** und setzt durch diesen oft vorzeitig der Fortpflanzungsfähigkeit des Menschen ein Ende. Das Geschlechtsleben wird gewaltsam unterbrochen, bevor es sich in natürlicher Weise durch das Klimakterium des Weibes oder Mannes erschöpfte — der Baum stirbt ab, bevor all seine Fruchtansätze sich entwickelten, bevor die Früchte reiften.

Am meisten erweckt unsere Teilnahme die plötzliche Unterbrechung und Zerstörung des Familienlebens durch den Tod eines Elters mitten in blühendster Gesundheit — durch einen Unfall.

Am meisten Unfälle wären zu erwarten im Zustande der Ermüdung. Letztere führt zu Ungeschicklichkeit und Schwerfälligkeit, welche z. B. bei der Bedienung von Maschinen verhängnisvoll werden kann. Und doch häufen sich die Unfälle gerade nach dem sonntäglichen Rasttage — am Montag.

Denn heute ist der Sonntag nicht beschaulicher Ruhe gewidmet, sondern er steht im Zeichen des Bacchus, wie jeder Tag nach der Lohnauszahlung. Eine gute Zusammenstellung über „Einfluß des Alkohols auf die Unfallhäufigkeit“ gibt Köchlin in der I. M. 1916, S. 1 ff., auch sei an das Eisenbahnunglück bei Mühlheim (I. M. 1912, S. 275 u. 340) erinnert.

Aber auch der vorzeitige Tod an Krankheiten ist oft auf Rechnung des Alkohols zu setzen. Die Schweizer Todesursachenstatistik[39a]) ergibt (nach Köchlin, I. M. 1918, S. 24 ff., vergleiche auch Koller, I. M. 1916, S. 170 u. a.) u. a. eine Mitwirkung des Alkohols an der Sterblichkeit bei Männern in den Altersklassen

von	30—39	Jahren	bei	16 %	der Todesfälle,
„	40—49	„	„	19 „	„ „
„	50—59	„	„	16 „	„ „

Bei den Todesfällen an akutem und chronischen Alkoholismus ist Alkoholismus natürlich in 100 % der Fälle angegeben. Aber auch bei anderen Todesursachen wird er oft als vorhanden angegeben; so bei

Selbstmord	in 30 %	der männlichen,	7,7 %	der weiblichen Fälle,
Tod durch Sturz	„ 22 „	„ „	7,7 „	„ „ „
Erfrieren	„ 61 „	„ „		
Leberzirrhose	„ 50 „	„ „	24 „	„ „ Todesfälle,
Herzschlag	„ 18 „	„ „	8 „	„ „ „
Nervenentzündung	„ 62 „	„ „	Todesfälle usw.	

* Röse, Ploetz' Archiv 1906, Graßl's Vorzügliche Würdigung der Bedeutung der Brustdrüse in Ploetz' Archiv Bd. XI, S. 315, 614 usw.

Köchlin bemerkt dazu: „Die Statistik gibt uns über die Frage, wieviele direkt oder indirekt am Alkoholismus gestorben sind, keine Auskunft. Wir können aber vermuten, daß in vielen Fällen der Alkoholismus als Todesursache mit in Betracht kommt, da die Ärzte in der Regel nur dann Alkoholismus auf der Todesbescheinigung anführen, wenn derselbe in hohem Grade vorhanden war. Aus eben diesem Grunde, weil der Arzt diese Diagnose ungern stellt, können wir auch annehmen, daß die Zahl 2244 (Todesfälle mit Anwesenheit von Alkoholismus) eher zu klein als zu groß ist" und daß „in vielen Fällen die Anführung des Alkoholismus nur eine Erklärung für die Grundursache der zum Tode führenden Affektion darstellt, die von einigen Ärzten beachtet, von anderen stillschweigend übergangen wird". „Wertvoll sind also besonders diejenigen Angaben, bei denen die Befunde der Ärzte auffallend übereinstimmen, d. h. also diejenigen mit hohen Prozentzahlen."

Bei männlichen Todesfällen an Syphilis ist „Alkoholismus" nur in 5,6 % angegeben. Danach könnte man glauben, daß zwischen Geschlechtskrankheiten und Alkoholismus nur wenig Zusammenhang bestände. Diese Annahme wäre aber irrig. Wir werden später Gelegenheit haben, das Gegenteil, nämlich einen sehr innigen Zusammenhang nachzuweisen.

Weitere Erfahrungen über Alkohol als Todesursache geben uns Krankenkassen [37]). Die Lebensversicherungsgesellschaften wissen die Bedeutung des Alkohols richtig einzuschätzen und ziehen zum Teil daraus auch die Folgerungen und gewähren Abstinenten Prämiennachlaß. Die „Abstinenz" in Hamburg ist eine ausschließlich für Abstinente gegründete Lebensversicherungsgesellschaft. Die diesbezüglichen Erfahrungen sind aber schon alt, werden immer neu ergänzt und dadurch aufs neue bestätigt und gefestigt. Sceptre 1884—1889 weist nach:

in der allgemeinen Abteilung 76,27 eingetretene Todesfälle auf 100 zu erwartende,
„ „ Abstinenten- „ 57,42 „ „ „ 100 „ „

Dies ergibt einen Unterschied von 18,85 % zugunsten der Abstinenten. In der „Temperance and General Providen Institution" beträgt dieser Unterschied sogar 29 % [38]) (Drysdale).

Auch **Krankheiten,** die nicht gerade tödlich verlaufen, können Familienleben, Kindererzeugung und Kinderaufzucht schwer beeinträchtigen. Wie sehr sie mit dem Alkoholgenusse zusammenhängen, mögen folgende Statistiken zeigen:

In Österreich entfielen 1891—1895 auf je 1 Kassenmitglied im allgemeinen 7,8 Krankheitstage, dagegen bei Brauereiarbeitern 9,8 Krankheitstage, obwohl in letzterem Berufe meist nur kräftige Leute tätig sind (Deutsch) [37]).

Nach Dr. Schenk erkrankten von	in Berlin	in Stuttgart	in Straßburg
Mitgliedern der Allgemeinen Ortskrankenkasse	40,8 %	50,3 %	57,0 %
„ „ Maurerkrankenkasse . . .	53,1 „	59,4 „	70,4 „
„ „ Bierbrauerkrankenkasse . .	54,2 „	66,5 „	78,3 „

Auch Maurer sind durchschnittlich kräftigere Leute, pflegen aber viel zu trinken. Daher die höhere Erkrankungsziffer, die aber von jener der Brauereiarbeiter aus naheliegenden Gründen noch übertroffen wird.

Bezüglich des Zusammenhanges von Unfallshäufigkeit und Alkohol verweise ich auf das S. 25 Gesagte, möchte aber hier noch eine wertvolle Zusammenstellung von Dr. Deutsch in Brünn anführen, welche die Zahl der Unfälle mit den Wochenausgaben der Arbeiter für geistige Getränke in Beziehung bringt:

bei dieser Wochenausgabe =	(bei Abstinenten) entfielen	auf	100	Arbeiter	10,3 Unfälle,
„ Wochenausgabe	bis 0,5 Kronen	„	„ 100	„	10,9 „
„ „	von 0,5—1 Krone	„	„ 100	„	11,2 „
„ „	„ 1—2 „	„	„ 100	„	11,9 „
„ „	„ 2—3 „	„	„ 100	„	12,1 „
„ „	über 3 „	„	„ 100	„	20,6 „

Nach einer neuen englischen Statistik (Wilson 1917, berichtet von Hercod in I. M. 1917) beträgt die allgemeine Sterblichkeit der Erwachsenen von 25—65 Jahren in den Berufen: der Pfarrer 515, der Gärtner 527, Bauern 562, Lehrer 599, Eisenbahnarbeiter 707, Ärzte 952, aller erwachsenen Männer = 1000 gesetzt, die der Kutscher 1062, Brauer und deren Angestellte 1324, Wirte 1669, Wirtshaus- und Gasthofangestellte 1767, bei ungelernten Arbeitern 1987. „Die Vertreter der Alkoholgewerbe stehen also, mit Ausnahme der erwiesenermaßen stark alkoholisierten ungelernten Arbeiter obenan.“

Die Jahressterblichkeit auf je 1000 beträgt

in der Altersperiode	bei allen erwachsenen Männern	bei Wirten und deren Angestellten
25—35 Jahre	6,38	13,82
35—45 „	10,94	22.14
45—55 „	18,67	29,65
55—66 „	34,80	46,39

Für englische und französische Verhältnisse bezeichnend, aber auch für uns Deutsche lehrreich ist Bertillons Statistik über Todesursachen und Beruf, 1913 (referiert in Ploetz' Archiv Band 11). Überaus wichtig wegen ihrer unantastbaren „Objektivität“ sind die aus deutschen Verhältnissen geschöpften Erfahrungen der Lebensversicherungen. Dr. Florschütz von der Gothaer Lebensversicherungsbank (3. Band der Versicherungsbibliothek von Prof. Dr. Manes Berlin 1914) bemerkt u. a. (Ref. I. M. 1916), daß die bisherige Berufsstatistik unzulänglich sei und zeigt dies an den Alkoholgewerben; die Gefahr des Alkoholismus muß besser berücksichtigt werden. Er will deshalb z. B. einen 20 Jahre alten Wirt zu den gleichen Prämiensätzen aufnehmen, wie einen um 8,8 Jahre älteren „Normalen“. Diese Ansicht wird durch Tabellen anschaulich begründet. Die Grenzbestimmungen der „Mäßigkeit“ sind nicht brauchbar. Die als Norm geltenden 35 g Alkohol in 3½ % Bier (1 Liter) oder 12 % Wein (⅓ Liter) werden vielen nicht schaden, anderen aber schon verderblich werden können, besonders wenn sie täglich genossen werden. „Kennten wir die Trinksitten so manches Stammtisches, an dem der Antragsteller sitzt, wir würden oft ganz anders entscheiden.“ Er tritt auch der Ansicht entgegen, daß etwa Bier weniger gefährlich sei als Schnaps. Florschütz steht übrigens nicht auf dem Standpunkte der Abstinenz! —

Es gibt außer den Angehörigen der Alkoholgewerbe auch andere stark durch Alkohol gefährdete Berufe, wie die der Maurer, Zimmerleute, Kaminkehrer, Gewerbetreibende, die des Geschäftes wegen viel in Gasthäusern verkehren müssen, Geschäftsreisende usw.; stark gefährdet sind Studenten und Militär infolge der in diesen Kreisen herrschenden Trinksitten.

Wir werden später sehen, daß diese Berufe durchschnittlich auch öfter an Geschlechtskrankheiten leiden — infolge ihrer Trinkgewohnheit. Wie schädlich der Alkohol auf die Volksgesundheit wirkt, brauchte übrigens kaum statistisch bewiesen zu werden. Wir können es nur zu oft im täglichen Leben sehen, wenn wir nur die Augen offen halten.

Ein Mittelding zwischen Familienforschung und Statistik bildet meine kleine Untersuchung über „Alkohol als Todesursache" im Kurbezirke Dürrnberg-Salzburg [39]) [39a]). Sie betrifft alle in der Gemeinde Dürrnberg von 1. Mai 1906 bis 1. Mai 1916 verstorbenen Personen zwischen 20 und 59 Jahren. Der Alkoholverbrauch ist geringer als im Durchschnitte des politischen Bezirkes Hallein, in welchem die Gemeinde liegt. Dennoch sind die Ziffern der „Alkoholsterblichkeit" recht bedeutend; alleinige oder hauptsächliche Todesursache war der Alkohol in 4 von 18 männlichen Todesfällen (Selbstmord, Herzlähmung, Bruststichwunde in Raufhandel, Leberentartung). Verhängnisvoll war er Tuberkulösen: von 5 männlichen Schwindsuchtsfällen waren 4 sicher durch Alkohol verschlimmert worden. Unter nüchternen Männern kam überhaupt kein Todesfall an Tuberkulose vor. Solche Einblicke in das Leben von kleineren Bevölkerungsgruppen, z. B. der Bewohner eines Dorfes, lassen jedenfalls recht gut erkennen, welche Zahl an Menschenleben der Alkohol vernichtet und welche Summe von zum Teil recht wertvollen „Erbqualitäten" uns hierbei verloren geht und dadurch den rascheren Aufstieg unseres Volkes behindert.

Denn es handelt sich in diesen Fällen um Bauern (gleichzeitig Knappen) von durchschnittlich recht guten erblichen Anlagen.

Noch zahlreicher sind die Verluste, zum Teil an ebenfalls kostbarem Erbgute, in den Städten, in denen ja noch mehr geistige Getränke genossen werden. Dies ist wichtig, wenn wir die zunehmende **Landflucht** und Verstadtlichung bedenken! Um so mehr, wenn wir berücksichtigen, daß dort noch andere rasseschädigende Umstände, u. a. die ebenfalls mit dem Alkoholismus verknüpften Geschlechtskrankheiten, in Betracht kommen.

Daher möge hier auch die Landflucht in ihrem Zusammenhange mit der Alkoholfrage kurz angeführt sein. Sie drückt sich deutlich aus in folgenden Ziffern:

Das Verhältnis der Landbevölkerung zur städtischen Bevölkerung verschob sich seit dem Jahre 1871 von 63,9 : 36,1 auf 58,6 : 41,4 im Jahre 1880,
53,0 : 47,0 „ „ 1890,
40,0 : 60,0 „ „ 1910.

Die Verhältniszahl wurde also in 40 Jahren fast umgekehrt, und Millionen von Menschen wurden den gesünderen ländlichen Verhältnissen entzogen und in die gefährlichen städtischen versetzt. Freilich genießt die städtische, besonders die Arbeiterbevölkerung, größeren Schutz und die Begünstigung besserer Fürsorgeeinrichtungen als die Landleute. Dies vermag aber den Nachteil des städtischen Lebens, besonders der Wohnnot, nicht aufzuheben. Näher auf die überaus wichtige Frage des Städtebaues und der Wohnungsreform (welche durch Bodenreform zu lösen ist) brauche ich wohl nicht einzugehen. Das Studium der Bodenreform[40]) und verwandter Probleme, überhaupt der Volkswirtschaftslehre, ist für die Erforschung der sexuellen wie der Alkoholfrage gleich wichtig. Diesen Fragen wäre wohl eine eigene Abhandlung zu widmen.

Mit diesem Hinweise schließe ich den ersten Teil meiner Erörterungen, der die wichtigsten Beziehungen zwischen Alkohol und Geschlechtsleben darlegen sollte, insofern letzteres in Fortpflanzung und Aufzucht sich äußert, wobei wir voraussetzen, daß es in die Form einer Dauerehe gekleidet ist.

Grotjahn hält uns vor, daß wir die Kultur der Familie vernachlässigt haben; er hat — wie die vorstehenden Ausführungen zeigen — nur allzusehr recht. Wir sollen und wollen uns dieser „Kultur der Familie" mehr widmen. Sie soll die Grundlage unseres völkischen Gedeihens sein und in erhöhtem Maße noch werden.

2. Der Geschlechtstrieb und dessen Befriedigung.

Beim freilebenden Tiere ist der Geschlechtstrieb und dessen Befriedigung an bestimmte Zeiten, die Brunstzeiten, gebunden. Dieselben sind durch Wirkung der Auslese so eingerichtet, daß die Geburt der Jungen in eine der Aufzucht günstige Zeit fällt. Beim Menschen ist in den „Zeugungskurven" ein deutlicher Gipfel im Mai * erkennbar, d. h. die größte Zahl der Zeugungen findet um diese Zeit statt, somit die größte Zahl der Geburten Ende Februar—März. Dies ist vielleicht eine Andeutung der Brunstzeit der tierischen Ahnen. Als eine durch Auslese bewirkte Zweckmäßigkeit besteht aber nun beim menschlichen Weibe eine allmonatliche Steigerung des Geschlechtstriebes im Zusammenhange mit den Monatsblutungen, und zwar zu Ende und knapp nach Ablauf derselben; auch beim Manne ist eine periodische Steigerung der Geschlechtsfunktion anzunehmen (Ahlenstiel in „Sexualprobleme").

Die ursprüngliche Form des Geschlechtslebens ist (nach Westermarck) beim Urmenschen (wie beim anthropoiden Affen) die Einehe. Daraus ergäbe sich etwa folgende Form des ursprünglichen, „natürlichen" Geschlechtsverkehres (Bucura)[41]):

„Stellt man sich einen Mann und eine Frau, abseits von der Zivilisation mit ihren aufreizenden Schädlichkeiten, einsam auf dem Land ohne Sinnesreizung, ohne aufregende Getränke und Gerichte lebend vor, so möchte ich glauben, daß sich bei körperlich und psychisch gesunden Individuen ein Typus des Geschlechtsverkehres entwickeln würde, der große Ähnlichkeit hat mit dem Verhältnisse beim Tiere; ein Typus, der vom größeren Verlangen der Frau nach der Menstruation diktiert würde. Der in freier Natur körperlich ange-

* Forel: „im Sommer, besonders im Anfang desselben".

strengt lebende gesunde Mann würde in seinen Geschlechtsansprüchen sehr genügsam sein; bei seiner unverbrauchten Kraft aber würde er dem leisesten Zuvorkommen der von innen aus physiologisch geschlechtlich erregten Frau willig Gehör leisten und in dieser Zeit des weiblichen Verlangens entsprechend der Beobachtung Ahlenstiels in einer umgrenzten Zeit den Geschlechtsakt öfters ausführen, um dann, nachdem er ermüdet ist und das Verlangen der Frau nachgelassen hat, vielleicht bis wieder erst nach dem nächsten Unwohlsein seiner Partnerin zu pausieren."

Aber „zwischen Mensch und Natur stellt sich die Kultur" (Grotjahn), und mit dem Zusammenschlusse vieler Familien zu Stämmen, mit der Änderung der einfachsten Lebensweise, mit den Fortschritten der Zivilisation traten auch im Geschlechtsleben Änderungen ein. Von Bedeutung war wohl besonders reichlichere Kost, besonders Fleischkost, und später das Hinzutreten von Genußmitteln, insbesondere der narkotischen. Von letzteren wurde bei vielen Völkern der Alkohol zuerst erkannt und in Verwendung gezogen. Sein Genuß blieb aber fast immer den Männern vorbehalten. Die Zivilisation im allgemeinen und die Fähigkeit des Mannes, den Beischlaf jederzeit auszuüben, weckte bald polygame Neigungen des Mannes, während die Frau durchschnittlich der monogamen Veranlagung treuer blieb (Forel[1]). Besonders der Genuß geistiger Getränke bekam alsbald große Bedeutung im Leben der Völker. Der Dienst der Venus und des Priapus war stets innig verknüpft mit dem des Bacchus, von den Tagen Babylons und der eleusischen Mysterien bis heute. Wir können dabei alle Übergänge von polygamen Gelüsten zur Hetärenliebe, zur Polygamie, anderseits zur Prostition und Neigung zu Promiskuität verfolgen, Abirrungen vom ursprünglichen Typus, die wir als „physiologische", „natürliche" zu betrachten uns gewöhnt haben und aus ihnen sich entwickelnd ausgesprochen krankhafte Formen, die rascher zum Rassenverfalle führen mußten — eine Mannigfaltigkeit in der Befriedigung des Geschlechtstriebes, die sich unendlich weit von jener ursprünglichen von Bucura geschilderten Grundform entfernt. Alle Abarten sehen wir aber stets in innigen Beziehungen zur Zivilisation, und mehr oder weniger mit dem Genusse geistiger Getränke gesellt. Denn die geschlechtlich erregende Wirkung des Alkohols wurde schon in grauer Vorzeit erkannt. Stübe weist in dem Aufsatze: „Der Ursprung des Alkoholgenusses" (I. M. 1917) auf die religionsgeschichtliche Bedeutung der vergorenen Getränke hin. Besonders die naive Genußfreudigkeit der Griechen opferte gerne Venus und Bacchus vereint; ein Grieche, Plato, war es, der wohl auch zuerst aus der dem Volke bereits geläufigen keimschädigenden Wirkung des Alkohols rassenhygienische Folgerungen zog (Geza von Hoffmann, „rassenhygienische Gedanken bei Platon", Ploetz' Archiv VI, S. 176). —

Das Christentum suchte die in jener Zeit ganz in Verfall gekommene Einehe wieder zu festigen, verwarf deshalb die Sinneslust und Üppigkeit — in die ja auch der Alkoholismus inbegriffen war — und manche Anhänger der neuen Lehre verfielen — in begreiflichem Rückschlage — in strengste „Askese". Zu einem kirchlichen Alkoholverbote kam es damals nicht, es schien auch nicht nötig. Doch glaubt u. a. Bischof Egger [12]) annehmen zu dürfen, daß sämtliche Apostel abstinent waren. Von Johannes dem Täufer wird dies durchs Evangelium mitgeteilt. Der Alkoholismus galt nur als Teilerscheinung der allgemeinen Üppigkeit der oberen Schichten Roms, deren Unsitten überhaupt verworfen wurden, man vermochte ihn gar nicht als eine Untugend zu erkennen, die selbständig vorkommen kann.

Auch im Mittelalter wurden „Freß- und Saufteufel und Buhlerei" stets zusammen genannt und „pauschaliter" gegeißelt.

Luther verurteilte nicht nur die Schwelgerei in Speise und Trank, sondern auch die Sittenlosigkeit. Letzterer gegenüber gab er ein gutes Beispiel durch ein einfaches, trauliches, geordnetes Familienleben. Säufer — wie manche Feinde ihm nachsagten — war er nicht. Er erkannte und verdammte die Gefahr des Trinkens für sein Volk; aber als Sohn seiner Zeit war er einem guten Trunk nicht abgeneigt (s. u. a. I. M. 1917).

Im Dreißigjährigen Kriege richtete der Alkohol im Vereine mit der allgemeinen Sittenlosigkeit in den betroffenen Gebieten unmeßbaren Schaden an, der in ganz Deutschland Jahrhunderte nachwirkte!

Ich wollte durch diesen geschichtlichen Rückblick nur andeuten, daß Alkohol und geschlechtliche Ausschweifung von jeher verschwistert waren. Wir finden dies ja schon im Alten Testamente der Bibel angedeutet: Noah war der erste Weinbauer, der erste Berauschte, und dieser erste Rausch war schon von einer geschlechtlichen Verirrung begleitet.

Wenn wir heute die Formen überblicken, in denen uns das Geschlechtsleben sichtbar erscheint, so sehen wir die lebenslänglich dauernde Einehe als die grundsätzlich anerkannte, staatlich und kirchlich geschützte und geheiligte Form, von der Wissenschaft als die rassendienlichste gewürdigt, in unseren Landen als Alleinherrscherin, die alle anderen Formen des Geschlechtslebens verdrängt und überwunden zu haben scheint, — doch nur im ersten Augenblicke scheint es uns so, bei genauerem Zusehen finden wir alle anderen Formen des Geschlechtslebens noch vorhanden. Ja, sie gedeihen üppig, in Stadt und Land.

Wir sahen also rückblickend jene erste einfache Form der Ehe beim Urmenschen, als Zeugnis der ersten Kulturstufe, in herber, derber, trotz aller Mängel zweckmäßiger, wohlgefälliger Gestalt. Wir sehen beim Kulturmenschen die Formen des Geschlechtslebens durch Zivilisation verfeinert, vielfach absonderliche Gestalten annehmen, innig mit den religiösen Anschauungen verknüpft, bei den alten Griechen durch ihren Schönheitskult vergeistigt, vielgestaltiger, durch Einfluß des trunkenen Gottes bis an die Grenzen des Grausigen und Grausamen verzerrt, doch stets schönheitsumsponnen und -durchwoben. Oder scheint uns dies Bild nur so schön, weil wir es durch das Fernrohr der Jahrhunderte und Jahrtausende betrachten? Denn ähnliche Zustände finden wir, nur der antiken Schönheit entkleidet, manchmal noch im Mittelalter trotz der gegenwirkenden christlich-kirchlichen Strenge. Die Erotik war häßlicher geworden, aber man schämte sich ihrer nicht, die alte Naivität war erhalten geblieben. Freudenhäuser, Badestuben usw. waren Stätten der Unsittlichkeit, aber man fand nicht viel Arges daran trotz aller Frömmigkeit. Kaiser Max dankte öffentlich der Stadt Nürnberg „für seine und seines Gefolges Freihaltung in den Frauenhäusern“ [27]).

Seither haben strengere Moralbegriffe die Herrschaft angetreten und das Geschlechtsleben in strengere, reinere Form gebracht. *Die Einehe ist als Herrscherin* anerkannt — sind wir demnach wirklich viel „besser“ geworden? Ich glaube fast, daß der Schein trügt, nur *eines* ist klar: wir sind heuchlerisch geworden; lange nicht „heilig“, trotz des Sieges der strengen kirchlichen Vorschriften, aber scheinheilig und prüde. Wir verpönen *alle anderen Formen* des Geschlechtslebens, außer der kirchlich oder wenigstens staatlich „privilegierten“ Ehe, aber sie bestehen alle noch. Die Einrichtung der „Nebenweiber“, der Venusdienst, der Knabenmißbrauch und alle anderen Äußerungen einer einst ungezügelt frohen, durch Schönheitskult veredelten Sinneslust und Erotik bestehen noch wie früher, aber man schämt sich ihrer und — pflegt sie doch. Ein häßlicher, heuchlerischer Widerspruch in unserem Leben. Der Staat beschützt öffentlich die Dauer-Einehe als die feste Grundlage des Familienlebens, auf der er selbst aufgebaut ist. Zugleich aber schützt und bemuttert er die Prostitution.

An der letzteren kann man am deutlichsten erkennen, von welchen Faktoren heute das Geschlechtsleben ungünstig beeinflußt wird: nämlich vom *Alkoholismus* und vom *Mammonismus*. Wir sehen aber die Einwirkungen dieser zwei Brüder nicht nur in der Prostitution walten, sondern in unserem *gesamten* Geschlechtsleben, dasselbe in ungesunde Bahnen lenkend, selbst die Königin Ehe nicht verschonend — sie ist auch heute noch oft eine Kaufehe und oft im Taumel des Bacchus beschlossen.

Die Ehe im engeren Sinne, die unauflösliche katholische oder doch nur schwer lösbare protestantische oder staatliche (im deutschen Reiche und in Ungarn) Ehe wird durch das Verlöbnis eingeleitet; wie oft mag dieses auf Tanzfesten, bei Ausflügen und sonstigen „feuchtfröhlichen“ Gelegenheiten geschlossen werden! Das Hochzeitsmahl kann nur mit Wein würdig gefeiert, die Hochzeitsnacht nur in Nachwirkung dieses Alkoholgenusses verbracht werden. Daß der junge Ehemann meist von seinem Junggesellenleben her noch unter chronisch alkoholischem Einflusse steht, ist bekannt. Die in der Hochzeitsnacht und den folgenden Tagen etwa gezeugte Frucht läßt dies erkennen. Wir sprechen wegen der Häufigkeit der durch die alkoholische Keimschädigung verursachten Fehlgeburten geradezu von „Flitterwochenabortus“. Das erste Kind kommt oft auch tot zur Welt und zwischen Hochzeit und dem ersten reifen Kinde liegen bei jungen Frauen (von 20—25 Jahren) durchschnittlich 16 Monate [9]), bei älteren oft noch ein längerer Zeitraum. Und nicht selten bringt der Mann außer dieser Schwächung seiner Geschlechtszellen, die selbst dauernde Unfruchtbarkeit der Ehe verursachen kann, aber doch meist im Laufe der Zeit sich bessert, noch andere Schäden in die Ehe mit: unausgeheilte Geschlechtskrankheiten, die ebenfalls in der trinkfrohen Junggesellenzeit erworben worden waren. In der Ehe tritt dann wohl oft an die Stelle der Trinkgewohnheit größere Mäßigkeit; es hängt dabei viel vom Berufe ab. Manche Berufe sind ja fast notwendig mit dem Trinken verbunden! Oder es kann die Trinkgewohnheit so festgewurzelt sein, daß sie auch in der Ehe nicht aufgegeben wird. Diese Trinkerehen sind furchtbar für beide Eheteile wie für die ihnen entstammenden, unter der Keimschädigung leidenden Kinder.

Dem Trinker selbst kommt dieses Elend weniger zum Bewußtsein, er ersäuft es ja. Die Frau hat dafür doppelt zu tragen. (Darauf werde ich später nochmals zurückkommen.) Jedermann kennt ja Schilderungen solcher Säuferehen, die besonders ins Gedächtnis zurückgerufen werden durch die Gerichtsverhandlungen wegen Gattenmordes, Mißhandlungen usw. Wieviel zahlreicher sind aber jene, für den Außenstehenden oft ganz friedlich scheinenden Ehen, die innerlich zerstört sind durch den Alkoholismus, — von denen nichts in die Öffentlichkeit gelangt!

Neben dieser Ehe im engeren Sinne, die allein gesetzlich und kirchlich anerkannt und begünstigt ist, bestehen andere Formen des Geschlechtslebens, die wir zur Ehe im weiteren Sinne, vom biologischen Standpunkte aus, rechnen können: die **„Verhältnisse“**, Verbindungen von mehr oder weniger langer Dauer, die häufig, sobald die wirtschaftlichen Bedingungen dazu gegeben sind, durch Heirat in die gesetzlich anerkannte Form übergeführt, legitimiert werden. Wenn sie beständig sind, scheinen sie sogar einen Vorzug aufzuweisen, die freie selbstgewollte Treue, meist ist aber ein gemeinsamer Haushalt nicht möglich, also die richtige Familienbildung ausgeschlossen. Schon deshalb können sie ihren Zweck nicht voll und ganz erfüllen; sie können nicht gutgeheißen werden. Aber dieser Form der Ehe kann man manchmal eine gewisse Achtung nicht versagen, wenn man damit kirchlich geschlossene Ehen vergleicht, die solcher Treue ermangeln und, von Zwist und Haß erfüllt, nur durch ihre „Untrennbarkeit“ zusammengekleistert sind. Diese „Ehen auf Probe“ führen oft zu recht guten Dauerehen, wenn sie später „legitimiert“ werden; dies sehen wir besonders beim Landvolke. Bei unseren Bauern übernimmt meist ein Sohn den väterlichen Besitz, und zwar erst wenn der Vater gebrechlich wird — indessen ist auch der Sohn schon 30 Jahre und darüber alt geworden. Der Besitzer schließt daher eine Spätehe. Andere Söhne, soweit sie nicht „Nestflüchter“ werden, müssen sich mit der Rolle eines Knechtes begnügen und ledig bleiben. Die voreheliche Zeit des späteren Besitzers und die Dienstzeit als Knecht gestatten keine regelrechte Eheschließung — da tritt an ihre Stelle das „Verhältnis“. Die demselben entstammenden unehelichen Kinder sind vom biologischen Standpunkte theoretisch den ehelichen gleichzuachten. Tatsächlich aber nicht, dies beweist ihre Übersterblichkeit. Die Erbmasse kann tadellos sein, ist aber meist geschädigt. Die Übersterblichkeit und sonstige Minderwertigkeit wird oft auf mangelhafte Pflege, ungenügende Sorgfalt bei der Kinderaufzucht zurückgeführt. In vielen Fällen trifft dies zu. Ich erinnere nur an die „Engelmacherinnen“. Aber in anderen Fällen ist, z. B. in meinem früheren Kurbezirke[9]), bezüglich der Kinderaufzucht kein Unterschied zwischen unehelichen und ehelichen Kindern. Die ersteren werden bei Großeltern oder Nachbarn aufgezogen; sie entbehren häufig selbst in den ersten Tagen der Mutterbrust. Letzteres trifft aber auch bei den meisten ehelichen Kindern zu, da das Stillen wenig gepflegt wird. Die Aufzucht der unehelichen und ehelichen geschieht sonst mit gleicher Sorgfalt; auch eheliche Kinder werden oft, wenn die Mutter z. B. Fabrikarbeiterin ist, zu Großeltern oder Nachbarn gegeben. Kurz, im nachgeburtlichen Leben besteht kein Unterschied, und dennoch waren unter je 100 Kindern lebensunfähig (totgeboren oder notgetauft und gleich nach der Geburt verstorben) von den ehelichen 2,86, von den unehelichen 7,09. Diese Minderwertigkeit der unehelichen (und vorehelichen) Kinder läßt sich vielleicht nicht ausschließlich, aber hauptsächlich aus der alkoholischen Keimschädigung erklären, welche auch sehr naheliegend ist. Meist handelt es sich um erstgeborene Früchte des „Verhältnisses". Beim Zustandekommen des letzteren spielt aber der Alkohol eine große Rolle, indem er die sittlichen und die religiösen Hemmungen überwinden muß. Ohne Alkohol gäbe es wenigstens in unserer strenggläubigen Bevölkerung wohl nur sehr selten Uneheliche; bei der großen Verbreitung dieses Narkotikums aber dürfen wir uns nicht wundern, unter 959 Kindern 155 uneheliche zu finden. Unter 107 Familien hatten nur 50 keine vorehelichen Kinder, 51 hatten voreheliche Kinder, 6 verheiratete Frauen hatten vor der Ehe uneheliche Kinder, während die Ehe selbst kinderlos blieb. — Wer daher die unehelichen Kinder den ehelichen gleichwertig erklärt, mag in einzelnen Fällen recht haben, aber im großen und ganzen gewiß nicht [43]). Wer Ehe und Familie als Grundlage unseres Gesellschaftslebens betrachtet, kann unmöglich die unehelichen den ehelichen Kindern gleichwertig hinstellen, weder qualitativ noch quantitativ; die Fürsorge für erstere darf nie zu einer relativen Benachteiligung letzterer führen.

Auch beim **Arbeiterstande** ist das „Verhältnis" die gewöhnliche Form des vorehelichen Geschlechtsverkehres [37]), die meist bald „legitimiert" werden kann, da die soziale Lage die Frühehe meist zuläßt, wenigstens bei den besseren Arbeitern, während die „ungelernten" häufiger bei der Prostitution Ersatz suchen (entsprechend auch ihrer durchschnittlich stärkeren Trinkgewohnheit, ihren schlechteren Wohnverhältnissen usw.) und daher auch stärker unter Geschlechtskrankheiten leiden.

Auch beim „Verhältnisse" des Arbeiters geht es nicht ohne Alkohol ab; er hat ja bei fast jeder Liebeswerbung ein fürsprechendes Wort einzulegen. Die sittliche Widerstandskraft des Weibes ist sehr [43a]) intolerant gegen den Alkohol, sie wird durch denselben sehr leicht gebrochen — zumal wenn sonstige Umstände, Tanz, Romanleserei u. dgl. mitwirken. Das „Verhältnis" kommt auch in allen anderen Kreisen vor, doch ist es meist von kürzerer Dauer als bei den erstgenannten Ständen und führt seltener zur Ehe im engeren Sinne, meist wird es gelöst — ein gefährlicher Umstand für das Weib. Denn oft kommt es — Mammon und Bacchus spielen gerne den Kuppler — zu neuem Verhältnisse und — wie's im Faust heißt — „wenn dich erst ein Dutzend hat, so hat dich auch die ganze Stadt"; nur allzurasch sinkt das Mädchen zur Mätresse, bei der nicht mehr — wie beim „Verhältnis" — die Zuneigung maßgebend ist, sondern besseres Leben, Gold, Schmuck, — und der Übergang zur Prostitution ist bald gefunden, besonders wenn der Alkohol die sittlichen Grundsätze wegschwemmen hilft. Dies ist z. B. in besonderem Maße bei weiblichen Personen der Fall, die schon berufsmäßig mit ihm zu tun haben, besonders bei den Kellnerinnen. Diese leichtlebige, mehr oder minder holde Weiblichkeit, die zuerst der Verführung durch Männer unterlag, sie wird nun umgekehrt wieder den Männern zur Gefahr, besonders jenen, die im Banne des **„Trinkzwanges“** stehen. Ist es nötig, dieses Wort zu erklären? Wer hat ihn nicht schon kennen gelernt?

„Es ist offenbar noch viel zu wenig bekannt, daß der Trinkzwang heute eine Macht geworden ist, die sich in allen Kreisen fühlbar macht. Der Gewerbetreibende ist ihr durchwegs unterworfen, in allen Betrieben und an allen Orten muß er, um zu verdienen, dem Wirte seinen Obolus abgeben, manchen Ortes bis ein Fünftel seines Verdienstes und darüber.

Der Politiker, der Gemeinderat, der Organisierte und der Vereinsmeier sind ihm tributpflichtig. Wer sich außer Hause erholen oder erfreuen will, unterliegt dem Trinkzwange, sogar Familienfeste, gastfreundliche Beziehungen werden heute aus wirtschaftlichen Gründen immer mehr ins Wirtshaus verlegt . . .

„Man möge es einmal auf Reisen versuchen, nur dann Alkohol zu trinken, wenn man ein Bedürfnis dazu in sich verspürt. Diese Zeit hat schon lange aufgehört. Über das Bedürfnis nach Alkohol entscheidet heute der Wirt. Und er muß so handeln, wenn er existieren will“ (Schweighofer)[10]).

Nach jeder „feuchtfröhlichen“ Veranstaltung (wie Vereinsversammlungen, Kommerse, Tanzunterhaltungen, Gasthauskonzerte usw.) wandert der eine oder andere Teilnehmer in gewisse Straßen — ins Bordell; und je festlicher und „schöner“ es war, desto mehr solche Wanderer sind zu sehen, auch Ehemänner, die Abwechslung suchen statt ihres gewohnten Ehebettes.

Der Wirt muß aber durch größere Veranstaltungen Gäste heranziehen, er muß letztere zum Trinken geistiger Getränke, ja möglichst zum Vieltrinken veranlassen. Warum? Weil er ganz vom „Alkoholkapital“ abhängig geworden ist.

Wir haben nun so oft vom **Wirtshause**[11]) gesprochen, daß wir ihm nun einen gesonderten Abschnitt widmen wollen, um diesen Gegenstand zwar nicht erschöpfend, — das wäre unmöglich und auch unnötig —, aber doch skizzenartig zu erörtern, ihm einige zusammenhängende Worte zu widmen.

Im alten Rom gab es schon Kneipen für die misera plebs, Stätten des Trunkes und der Unsittlichkeit, doch in der römischen „Gesellschaft“ spielten sie keine Rolle; man traf sich auf dem Forum, in den Straßen, plauderte auf Plätzen, vor Verkaufsläden, trank und aß daheim, auf Reisen bei Gastfreunden.

Auch bei den alten Deutschen gab es keine Gasthäuser in unserem Sinne, ein gastliches Haus war jedes. Die ältesten „Gasthäuser“ waren wohl die Poststellen der römischen Post, später die Hospize, besonders an schwierigen, unbewohnten Gebirgspässen. Auch später — und heute noch waren und sind in kleinen Landorten die

„Gasthöfe zur Post" meist die besuchtesten und besten. Daneben entstanden andere, besonders in den Städten, die auch von Einheimischen besucht wurden. Die Innungen der Bürger trafen dort zusammen, die bürgerliche Geselligkeit erschien bald innig mit den Gaststätten verknüpft. Des Wirtes Aufgabe bestand und besteht darin, dem Besucher Unterkunft, Speise und Trank zu bieten, ihm den Aufenthalt angenehm zu machen, den Wünschen des Gastes entgegenzukommen; so wurde der Stand der Wirte zu einem notwendigen und nützlichen Gliede unseres Gesellschaftslebens, unseres Bürgertums — mit Recht hochgeachtet und beliebt. So ist es zum Teile auch heute noch. Oft ist der Wirt zugleich Postmeister, Bäcker, Metzger oder Kaufmann, am Lande wohl auch Bauer; das Wirtsgewerbe ist oft nur Nebenberuf. Das Gasthaus wird dann immer mehr zum Mittelpunkte der Geselligkeit. Die Zahl der Gasthäuser ergab sich aus dem Bedürfnisse. Der Wirt bot höflich an, was er geben konnte, der Gast wählte. Verlangte ihn nach geistigen Getränken, bekam er sie; aber Trinkzwang gab es einst nicht. Man konnte auch viel trinken. Aber der Wirt wahrte den Ruf seines Hauses, ließ es nicht zu einer Saufsätte oder sittlich anrüchigen Bude herabsinken. Aber mit der Zeit ändert sich das Bild. Immer mehr verschwinden die alten Gastwirte, da keine Rücksicht auf das bestehende Bedürfnis mehr genommen, viel zu viele Gasthäuser geschaffen wurden, die nun in scharfen Wettbewerb traten; der Gastwirtestand verarmte zum Teile und dann wurde das Alkoholkapital Besitzer dieser Häuser beziehungsweise Schankrechte, welch letztere nun von Pächtern ausgeübt werden. Die durchschnittliche Höhe des Gastwirtestandes sank, die Macht des **Alkoholkapitals** [45]) wuchs.

An Aktien allein betrug das der Alkoholerzeugung dienende Kapital im deutschen Reiche 1900 rund 426 Millionen Mark, das der Kohlenförderung dienende — um einen Vergleichswert anzuführen — nur 313 Millionen. Diese große Kapitalsmacht saugt Kleinbetriebe auf und vermag natürlich ganz andere Mengen Erzeugnisse zu liefern als die Summe der Kleinbetriebe. So sehen wir z. B. von 1889—1913 in Österreich ein Sinken der Zahl der Brauereien (von 1761 auf 1069) bei gleichzeitigem Steigen der Erzeugung von 13,5 Millionen hl auf 21 Millionen hl, d. h. die Erzeugung steigt rascher als die Bevölkerungszahl.

Im deutschen Reiche stieg der Verbrauch von Bier auf Kopf und Jahr von 88 l in den Jahren 1875—84 auf 102 l in den Jahren 1885—94 und 120 l in den Jahren 1895—1904 und 1905 wurden 129,4 l Bier, außerdem 7,3 l Wein und 7,4 l Branntwein (50 %) getrunken. Nach einer anderen Statistik war die Branntweinmenge auf Kopf und Jahr 1871—1905 ständig etwas über 8 l, die Weinmenge auf Kopf und Jahr stieg von 1871—1880 bis 1901—05 von 4,8 auf 6,58 l, die Biermenge auf Kopf und Jahr stieg von 1871—1880 bis 1901—05 von 79,4 auf 118,82 l.

Um diese steigenden Erzeugnisse auch zu verkaufen, wurden die bestehenden Gasthäuser vergrößert, viele solche neu geschaffen, die Wirte wurden, im geschäftlichen Wettstreite geschwächt, immer abhängiger vom Alkoholkapitale und wurden zum großen Teile zu

Verkäufern seiner Erzeugnisse, mußten trachten, möglichst große Mengen derselben abzusetzen; die Wirte, die ihr Haus in altväterisch würdiger Weise führen, werden seltener; Pächter, die notgedrungen und oft skrupellos den Konkurrenzkampf führen, immer häufiger. Die geschlechtlich erregende Wirkung des Alkohols wurde ihnen ein willkommener Bundesgenosse. Wir finden so Übergänge vom alten Gasthause zur Bier- und Weinhalle mit Kellnerinnenwirtschaft, weiter zur Animierkneipe [46]) und anderen bordellartigen Unternehmen, die uns hinüberleiten zum eigentlichen Bordelle, das ja auch ohne Alkohol nicht bestehen könnte, und der Schwerpunkt verschiebt sich immer mehr nach der schlechteren „neueren" Richtung. Geschäft muß gemacht werden, hilf was helfen kann: Feste, wie „Bockbierfeste", Schweinspartien, Oktoberfest, Herbstmesse, Prämiierungen der schönsten oder schwersten oder leichtesten Dame, Preiskegeln, Tanz, Musik usw. mit immer stärkerem Einschlag des ewig Weiblichen, das uns hinabzieht — bis zur Käuflichkeit, zur Prostitution der Weiber. Kein Lockmittel wirkt besser als dieses.

Dieser Niedergang des Gastgewerbes, unter dem die anständigen Wirte selbst am meisten leiden, liegt im Wesen des Alkohols und im Wesen des Kapitalismus. Kein Wunder, wenn Burk [45]) das Alkoholkapital eine „unsittliche Erwerbsquelle" nennt, womit der Zusammenhang des Alkohols mit dem Geschlechtsleben zugleich scharf gekennzeichnet wird. —

Auch die anständigen Wirte leiden; nicht nur geschäftlich. Mit Unwillen müssen sie sehen, wie sie als freie Männer, die Ansehen im Dorfe, in der Stadt genießen, mehr und mehr dem übermächtigen Kapitale sich beugen, mehr Gewicht auf den Ausschank geistiger Getränke legen müssen, als ihnen selber lieb ist. Denn ihnen sind die Gefahren des Alkohols recht gut bekannt: der eine Gast vertrank Haus und Hof, der andere seine Gesundheit usw.; sie wissen: „Das Trinken macht zuerst durstig, dann faul, dann lahm, dann krank und zuletzt lebensüberdrüssig" (Sonderegger). Sie kennen aber auch die leichteren, scheinbar harmloseren Wirkungen des Trinkens, namentlich die erotische Färbung der Tischgespräche beim Weine oder Biere. Aber die ganze Tragweite des Alkoholismus erkennen sie kaum, sonst würden sie wohl stärkere Anstregungen machen, ihr Gewerbe aus den Klauen des riesenhaft anwachsenden Alkoholkapitals zu befreien. Oder ist das letztere schon zu mächtig, eine Gasthausreform in gesundem Sinne lebenskräftig erscheinen zu lassen?

Nach dieser nötigen Abschweifung zum „Wirtshaus" kehre ich wieder zum „Trinkzwang" und dessen Folgen für unser Geschlechtsleben zurück.

Besonders unheilvoll wirkt der Trinkzwang auf unsere **Jugend;** ich habe oben schon von diesem allgemeinen „vorehelichen Alkoholismus" gesprochen. Der noch unselbständige Arbeiter, der kein eigenes Heim besitzt, der Bedienstete ist aufs Gasthaus angewiesen. Wer Geselligkeit sucht, findet sie nur dort. Viele sind gezwungen, es aufzusuchen. „Am 2. Dezember 1905 gab es in unserer so viel bewunderten, glänzenden Reichshauptstadt 6899 Wohnungen, die überhaupt kein heizbares Zimmer hatten, die entweder nur aus einer Kammer ohne Ofen oder aus einer Küche bestanden. 13 570 Menschen mußten dauernd in solchen Räumen leben. 249 457 Wohnungen hatten höchstens ein heizbares Zimmer (34 254 davon hatten weder eine Küche, noch sonst einen Nebenraum). In diesen Wohnungen, die für Familien mit Kindern an sich in jedem Falle ungenügend sind, weil eine Trennung nach Alter und Geschlecht sich nicht durchführen läßt, wohnten insgesamt 806 501 Menschen. Von den Wohnungen mit höchstens einem heizbaren Zimmer waren 41 991 Wohnungen von 5 und mehr als 5 (bis 13) Personen verschiedenen Alters und Geschlechts dauernd besetzt! Hunderttausende von Menschen in der stolzesten Stadt des Reiches mußten sich in derart überfüllten Räumen um das Glück eines gesunden Familenlebens betrügen lassen!" (Damaschke)[40]. Diese Bewohner einer solchen Wohnung waren nicht immer Mitglieder einer Familie; es wurden im Jahre 1900 unter 470 000 Haushaltungen 61 756 mit familienfremden Einmietern und Schlafleuten gezählt[47]. In manchen anderen Städten ist die Wohnnot noch schlimmer als in Berlin. Wo sollen die Leute, die hier zusammengepfercht sind, sich heimisch fühlen? Heute gibt es fast keine andere Zufluchtsstätte für sie als das Wirtshaus, wo ihnen gleichzeitig der nötige Labetrunk geboten wird — „wer Sorgen hat, hat auch Likör" (W. Busch). Daß dies nur noch tiefer ins Elend führt, sagt Bunge[23]: „Von allen Gründen, zu trinken, ist der, um Kummer, Not und Elend zu vertrinken, der törichtste. Man will die Wirkung bekämpfen und steigert die Ursache." Aber was sollen die Leute anderes tun, solange nicht hinreichend Ersatz geboten wird?

Für viele besteht somit geradezu die Notwendigkeit, Gasthäuser zu besuchen; andere tun es aus eigenem Antriebe. Es erscheint angezeigt, einige der **jugendlichen Berufsgruppen,** ihr Verhältnis zum Alkohol und zum Geschlechtsverkehre zu besprechen. Denn die Jugendzeit zwischen dem schulpflichtigen Alter und dem Lebensberufe ist in vieler Hinsicht ausschlaggebend für das ganze Leben. Gemeinsam ist all' diesen Jugendlichen der Drang, es den Alten gleichzutun, — „wie die Alten sungen, so zwitschern die Jungen"—; aber umgekehrt gilt auch „jung gewohnt, alt getan". Darum erscheint mir gerade diese Zeit als der wichtige Angelpunkt, um den sich unsere künftige Jugenderziehung dreht, von welcher das Schicksal unseres Volkes abhängt; besondere Erwähnung und Besprechung verdient die bäuerliche Jugend. Wir haben erst im Kriege so recht die Bedeutung des Bauernstandes für unsere Rassengesundheit würdigen gelernt. Nicht nur, weil der Bauernstand der eigentliche „Nährstand" ist, von dem unser „Durchhalten" gegenüber den Aushungerungsplänen der Feinde abhängt. Sondern vor allem, weil die durch Krieg und Geburtenrückgang verursachten Menschenverluste nur aus diesem reichlich fließenden Quell ersetzt werden können. Da gilt es denn vor allem, diesen Jungborn nicht bloß reichlich, sondern auch rein, frisch und gesund zufließend zu erhalten. Er darf uns nicht vergiftet werden.

„Das platte Land ist die Heimat einer echten Freiheit, begünstigt deshalb die Ausbildung einer kraftvollen Eigenart" (Sering)[47]. Letztere sollen wir besonders pflegen.

Eine wichtige, oft entscheidende, gefährliche Zeit ist für den Bauernsohn die des Militärdienstes*. Dieser wirkt vorzüglich erziehend, leider bringt er aber die Gefahren des Alkoholismus und der Geschlechtskrankheiten mit sich, besonders in großen Garnisonstädten.

Das deutsche Heer hatte zwar unter allen Heeren (in der verflossenen Friedenszeit) die kleinste Erkrankungsziffer an Geschlechtskrankheiten aufzuweisen (in der Berliner Garnison 4—5%), dennoch ist dieses Großstadtleben eine Gefahr, die nicht zu unterschätzen ist. Die straffe Zucht bietet aber zugleich die Gegenmittel gegen dieselbe, indem sie den Alkoholismus und die mit ihm verbundenen Gefahren für das Geschlechtsleben verhüten kann.

Es ist recht bedenklich, wenn bei der Abrichtung der Rekruten der Gebrauch von Schutzmitteln gegen geschlechtliche Ansteckung erklärt und solche ohne weiteres wahllos an alle verteilt werden. Ich werde später noch einmal darauf zurückkommen. Abgesehen von der sittlichen Seite ist zu beachten, daß diese Mittel dieselben sind, die zur Verhütung der Empfängnis dienen. Wir haben da junge Leute vor uns, die vor allem mit größtem Nachdrucke darüber aufzuklären sind, daß geschlechtliche Ansteckungen nur durch geschlechtliche Enthaltsamkeit vor der Ehe mit Sicherheit verhütet werden, daß eine solche Enthaltsamkeit möglich ist und nicht schadet, und daß sie z. B. nach Tacitus' Bericht von den germanischen Jünglingen geübt wurde; sie ist ein Zeichen von männlicher Selbstbeherrschung; gewährleistet und erleichtert wird sie durch gleichzeitige Enthaltsamkeit von geistigen Getränken; bei dieser Aufklärung wären auch die sonstigen Teile der Alkoholfrage zu berücksichtigen. Es wären ferner alle noch vorhandenen sittlichen Grundsätze und Hemmungen als Hilfsmittel zu benützen oder, wenn sie schlummern, wieder zu erwecken. Wertvolle Unterstützung würden diese Erziehungsversuche in der Religion finden. In Österreich stammt der überwiegende Teil der Rekruten aus dem Bauernstande und ist noch kirchlich-gläubig. Dies wäre zu verwerten; zum mindesten aber ist diese religiöse Überzeugung zu schonen. Wir sollen die Rekrutenabrichtung nicht in eine „Religionsstunde" verwandeln; moralische Belehrungen, kirchliche Exerzitien [48]) oder gar Zwang zu solchen können leicht das Gegenteil dessen bewirken, was der Lehrer beabsichtigt. Aber wo das religiöse Empfinden noch vorhanden ist, sollen wir es verwerten; es bietet einen festen Rückhalt! — Da weithin schwere Zweifel verbreitet sind, ob das katholische Bekenntnis, das ich als alpenländischer Arzt in erster Reihe meine, mit den Grundsätzen der Rassenhygiene vereinbar ist, will ich mit einigen Worten auch diese Frage aufklären.

Einer unserer besten Rassenhygieniker, Dr. Fritz Lenz, schreibt in der Besprechung eines Aufsatzes des katholischen Pfarrers Leute, daß er anerkenne, daß in katholischen Gegenden der Geburtenrückgang geringer ist, als in protestantischen. Er gibt einen großen Einfluß der katholischen Seelsorger auf seine Pfarrkinder zu. „Der katholischen Kirche dürfte daher die Zukunft gehören. Ob dieser

* Alkohol und Militär s. u. a. Alkoholgegnertag Salzburg 1912.

Vorgang für die Rassenqualität Deutschlands allerdings förderlich ist, kann man füglich bezweifeln. Leute und mit ihm die ganze katholische Sittenlehre bekämpfen natürlich die rassenhygienische Unterscheidung der Erbqualitäten. „Auch erblich schwache und kranke Leute sollen heiraten und Kinder erzeugen, weil sie sonst zu leicht der ‚Sünde' verfallen" (Ploetz' Archiv Bd. 12, S. 235). Lenz wahrsagt damit der katholischen Bevölkerung wachsendes Übergewicht durch Fruchtbarkeitsauslese, das aber Rassenverschlechterung bedeuten müßte, wenn die katholische Sittenlehre wirklich alle Unterschiede der Erbqualitäten leugnen würde. Diese Voraussetzung Lenz' trifft aber nicht zu. Der Professor der Moraltheologie Dr. theol. phil. jur. Joh. Ude * schreibt auf meine diesbezügliche Anfrage: „Die katholische Kirche würdigt die Lehre der Rassenhygiene gar wohl. Sie ist sicher rassedienlich . . . Sie erkennt zwar voll und ganz die freie Selbstbestimmung des Menschen auch in bezug auf das Verheiraten an. Allein jede katholische Sittenlehre weist darauf hin, daß es geradezu ein Verbrechen an der Nachkommenschaft ist, wenn erblich schwer Belastete heiraten und dadurch voraussichtlich ihre minderwertigen Qualitäten auf die Nachkommenschaft übertragen werden. Es gibt ganz gewiß von Geburt aus besser und schlechter veranlagte Menschen. Auch die Lehre vom moralischen Schwachsinne wird von der katholischen Moral anerkannt. Allerdings ein Verbot des Heiratens hat die Kirche diesbezüglich noch nie erlassen. Wohl aber geschieht es nicht selten, daß man krankhaft veranlagten Menschen den Rat gibt, lieber nicht zu heiraten, geradeso, wie man Leuten, die eine Familie nicht erhalten können, dringend abrät, eine Familie zu gründen." Wenn die gesamte Geistlichkeit in diesem Sinne unter Beachtung der Verschiedenheit der Erbqualitäten und Bevorzugung der besseren Varianten wirken wollte, wäre gewiß der Vorwurf rassefeindlichen Wesens ungerechtfertigt. Es kommt hier wie wohl überall auf die Bildung, das Verständnis und auf die Persönlichkeiten der Priester an.

Ähnlich wird auch der **Protestantismus** günstig auf seine Bekenner wirken können.

In den theologischen Fakultäten wäre auch der Rassenhygiene jener Platz einzuräumen, der ihr gebührt.

In der Masse der **Arbeiterschaft** ist der Einfluß der christlichen Bekenntnisse zum Teile geschwunden. Hier wird es durch Anknüpfung an wissenschaftliche Lehren gelingen, Verständnis für die Rassengesundheit zu erwecken, insbesondere auch für die sexuelle und Alkoholfrage. Viele Arbeiterführer sind abstinent. Es wird daher möglich sein, in allen Volkskreisen ohne Unterschied der religiösen und politischen Überzeugung belehrend zu wirken und diese Überzeugungen der Rasse dienstbar zu machen; es scheint mir dabei am meisten auf die Persönlichkeit des Lehrenden anzukom-

* Dr. Ude ist auch Verfasser zahlreicher Schriftchen des Verlages „Volksheil" Graz, Bischofsplatz 1, über Alkoholfrage, Geburtenrückgang, Prostitution usw. in katholischem Sinne und Gründer des Vereins „Völkerwacht" zur Hebung der Sittlichkeit. Ähnliche Schriftchen vom katholischen und zugleich völkischen Standpunkte verfaßt u. a. Pfarrer Anton Hessenbach in Augsburg.

men. Mit Aufklärung und Belehrung ist noch wenig erreicht. Es muß „Erziehung“ sich dazugesellen im Sinne Brunzlows[49]), der unter „Erziehung“ „Disziplinierung der Triebe“ versteht. Wir werden später nochmals hierauf zurückkommen. — Heute bietet die Stadt dem Soldaten überreichlich Gelegenheit zum Besuche der zahlreichen Gasthäuser, jedoch wenig solche zu anderer Zerstreuung, zu Spiel und Sport, zu edlerer geistiger Beschäftigung ohne Nötigung zum Genusse geistiger Getränke. Letztere erregen ihn, und der Liebesdurstige, der Lebenslustige, wohl auch der Heimwehkranke sehnt sich nach freundlicher, teilnehmender Geselligkeit, die ihm von der zahlreichen leichtlebigen Weiblichkeit gerne gewährt wird, sei es in kurzem „Verhältnisse“, sei's bei der Kellnerin oder sonstwo — „halb zog sie ihn — halb sank er hin“. — Die Gefahren kennen wir. Die gleichen Äußerungen „mißverstandener, abgeirrter Lebensfreude“ (S. 20) sieht er übrigens auch bei seinen Vorgesetzten, den jungen **Offizieren,** deren Leben manchmal — wenigstens scheinbar — außerdienstlich nur von Wein, Weib und Spiel ausgefüllt ist, und deren Beispiel er nachahmt. Es gibt keinen besseren Lehrmeister als das Beispiel, besonders wo es eigenem halb unbewußten Wünschen entgegenkommt! Darum muß die Erziehung des Rekruten bei jener des Kadetten- und Offiziersschülers beginnen! Das Beispiel der Offiziere wirkt im Guten wie im Bösen stark auf die Mannschaft ein, und diese militärische Erziehung ist von großem Einflusse auf unser ganzes Volk.

Ich kann nicht umhin, hier einige Worte über den **Militarismus** einzuschalten, obwohl ich weiß, daß ich dabei Widerspruch begegnen werde.

Wenn wir unter Militarismus das „Rüstungsfieber“ verstehen, die ständige Indiensthaltung übergroßer Heere und Flotten, so ist er gewiß als verwerflich zu betrachten. Nicht nur wegen der etwaigen Steigerung der Kriegsgefahr, wegen der großen Kosten, sondern auch weil durch die 2—3jährige Dienstpflicht die jungen Männer produktiven Berufen entzogen wurden und das Heiratsalter eine Hinausschiebung erfuhr u. a. Aber in d i e s e m Sinne waren Frankreich, das verhältnismäßig mehr Rekruten stellte, und England, das seine ohnedies weltbeherrschende Flotte übermächtig ausgestaltete, militaristischer beziehungsweise marinistischer als Deutschland. Aber meist verstand man wohl unter Militarismus jenen Geist straffer Zucht und sozialer Einordnung, zweckmäßiger Organisation, der den Deutschen, besonders den Preußen, eigen war und um dessen willen uns die inneren und äußeren Feinde haßten, weil sie ihn nicht in gleichem Maße besaßen und besitzen. In diesem Sinne aber müssen wir uns den Militarismus bewahren, ja, wir Österreicher brauchten noch viel mehr davon als die Norddeutschen, um unsere sprichwörtliche „Gemütlichkeit“ zu bezähmen, welche so leicht in unsoziale „Schlamperei“ ausartet.

In einem Freistaate soll die behördliche Bevormundung möglichst eingeschränkt sein (an welche wir Österreicher stets gewöhnt waren). An ihre Stelle muß aber straffe Selbstzucht und soziales Fühlen treten, die wir am ehesten noch in der Schule des Militarismus lernen konnten. Letzteren müssen wir nur entsprechend ummodeln: er wird im Kleide der Turner, Wandervögel, Pfadfinder und Jugendbündler fortleben. In diesem Zeichen werden wir wieder erstarken, im Geiste Jahns, der die überschäumende Jugendkraft richtig verwerten lehrt und dadurch auch eine Schutzwehr bieten wird gegen die „Verirrungen mißverstandener Lebensfreude“. Wie der Offizier, so ist auch der **Student** weiten Kreisen ein Vorbild. Wir denken dabei vor allem an den Typus des deutschen Hochschülers mit Band und Mütze, mit der Waffe in der Rechten und Begeisterung im Herzen nicht nur für die Wissenschaft, sondern für alles Ideale, für Ehre, Freiheit, Vaterland. Leider darf bei diesem Bilde auch der — Trinkkomment nicht fehlen. Bei tatenfroher Jugend geht's nicht ohne Wunden ab. Das schadet nichts! Die Schlägerwunde im Gesicht ist nicht das Schlimmste. Schlimmer sind aber jene Wunden, die man verbirgt, von denen man nicht gerne spricht: 25% der Studenten erwerben Geschlechtskrankheiten (Blaschko); schlimm sind die sonstigen Wunden: die Gesundheitsschädigungen durch das Trinken, Bierherz u. a.; darunter am schlimmsten wohl jene, die der Geist davonträgt, so daß oft aus dem strammen Studenten ein waschlappiger Philister wird, daß viele „verbummeln“, viele „versumpfen“. Der Alkohol hat daran die meiste Schuld, wenn auch nicht die alleinige. Ich verweise hier auf das früher auf S. 21 Gesagte. Zwei unserer besten Führer der Enthaltsamkeitsbewegung, v. Bunge[23]) und Forel[38]) fällen recht bittere Urteile über das deutsche Studententum. v. Bunge, selbst ein alter Korpsstudent, sagt: „Wenn diese Musensöhne nur den Versuch machen wollten, ihre Art der Geselligkeit durchzuführen ohne Alkohol — sie würden in kürzester Zeit vor langer Weile auseinanderfliegen nach allen Richtungen der Windrose“; doch das ist zu pessimistisch gesprochen! Wer Ursprung und Wesen der Studentenverbindungen, insbesondere der deutschen Burschenschaft kennt, wer begreift, welche Bedeutung ihm für das deutschvölkische Leben besonders Österreichs innewohnt, der weiß, daß gerade diese Verbindungen Forels Mahnworte recht wohl beherzigen: „Dem Menschen, als dem geistig höchsten und zugleich sozial lebenden Wesen der Erde, war es vorbehalten, das Familien leben und die höhere Liebe, d. h. die gegenseitige Aufopferung egoistischer Lusttriebe des Einzelwesens . . . aus Zuneigung . . . für das Vaterland und . . . für ideale Ziele überhaupt auszubilden.“ Und wenn Forel weiter zum Kampfe gegen sinnlich materialistische Modekünstler, gegen eine gewisse Sorte Sozialisten, die sinnlichen Genuß, Verachtung der Ehe predigen und gegen den Kultus des goldenen Kalbes aufruft, so kann er sicher sein, gerade in den Reihen deutscher Studenten Gefolgschaft zu finden. Dieses Studententum ist dem „Militarismus“ nahe verwandt, lehrt Disziplin und Einordnung unter ideale Ziele. Wenn dabei die überschäumende Jugendkraft Seitensprünge macht und dabei öfters in den Sumpf fällt, so gehört dies doch nicht zum Wesen des Studenten und kann abgetan werden, ohne den Kern seines Studententums zu ändern. Solche Seitensprünge gab und gibt es. Allgemein üblich ist das Kneipwesen mit der geradezu oft gewaltsamen Anerziehung der Trinkfestigkeit, also chronischer Alkoholvergiftung; nicht so „obligater“ Lehrgegenstand ist der Besuch von Bordellen; in Österreich spielt er überhaupt nicht jene Rolle, wie etwa in Heidelberg oder Freiburg i. Br. Aber die Tatsache des innigen Zusammenhangs von Alkohol, Bordellbetrieb und Geschlechtskrankheiten bestätigt sich auch beim Studenten. Heute aber kennen wir schon farbentragende Verbindungen, Burschenschaften und Korps, welche den Trinkzwang beseitigten und dennoch nicht zerfallen (wie v. Bunge meinte) und welche damit der Freiheit eine Gasse bahnen — ganz abgesehen von akademischen enthaltsamen Gemeinschaften. Möge diese Abstreifung entwürdigender Fesseln bald allgemein gelingen! Dann erst wird das studentische Beispiel auch für die übrige Jugend unseres Volkes segenbringend sein.

Bei dieser soll das **Turnwesen** ähnliche Bedeutung erlangen, wie beim Studenten die „Verbindungen“. Denn auch die Turnvereine pflegen neben der körperlichen die geistige Tüchtigkeit im Sinne Jahns; die persönliche Ausbildung soll dem Gemeinwohle dienstbar gemacht, der Charakter gefestigt, die Liebe zum Volke gepflegt werden. Auch hier — wie beim Burschenschafter — wurde der Weg zu den reinen, edlen Zielen verunziert durch Mitnahme von Beiwerk, das nicht zur Sache gehört: die Kneipen waren oft manchem Turner lieber als die körperliche Übung, der Trunk lieber als eine anfeuernde Rede, entgegen Jahns Wort: „Die Jugend muß wieder zu einem wahren Jungtum geführt werden. Das Gefühl muß zur Liebe an der Natur geweckt werden, es muß mehr Wohlgefallen an der Einfachheit finden, als im betäubenden und entmarkenden Kneipenleben.“ In diesen Worten sehen wir schon das Wesen unserer **Wandervogel**bewegung vorgezeichnet, die unserem Volke segensreich wird. Im Zusammenhange mit Studententum, Turnwesen und Wandern sei auch des deutschen **Liedes** gedacht, des Spiegels der Volkseele, das uns die Stärke und Kraft und die Gemütsinnigkeit des Volkes so recht erkennen läßt. Was wird aus ihm unter der Alkoholwirkung! Ein ekelhaftes Zotenlied!

Das Lied soll ein Spiegel unserer Seele sein? Das Bild im Spiegel ist oft recht schmutzig. Wie abstoßend wirkt es auf einen Nüchternen auf einer Kneipe, nachdem die herrlichen Vaterlandslieder verklungen sind und etwa noch sonst ein schönes Lied gesungen wurde, wenn allmählich dem größten Stumpfsinn und der schamlosesten Erotik gehuldigt wird. Diese Exkneipe ist häufig das Vorspiel zum Bordellbesuche, bei dem dann noch weiter getrunken wird. — Wie das Lied, so wird auch das Gespräch, der ganze Bewußtseinsinhalt auf das Erotische abgestimmt. Nicht bloß auf der Kneipe; überall, wo getrunken wird — in allen Ständen.

Um uns diese Alkoholwirkung zu erklären, will ich näher auf die Beeinflussung unseres Seelenlebens durch den Genuß geistiger Getränke eingehen, mit welcher übrigens stets auch eine mehr oder weniger auffallende Veränderung der Bewegungen verbunden ist; wir sehen die ganze Hirntätigkeit durch den Alkohol beeinflußt, anfangs im Sinne der Erregung, aber sehr bald im Sinne einer deutlichen Lähmung. Denn der Alkohol ist ein ausgesprochen narkotisches Gift. Die anfängliche Erregung scheint übrigens in manchen

Versuchen zu fehlen, oft beruht sie nur auf Lähmung der Hemmungszentren.

Die motorische Erregung und spätere Lähmung beim schweren Säufer ist bekannt. Von Versuchen mit körperlichen Arbeiten seien nur erwähnt jene von Schnyder am Ergographen[12]); aber die Erfahrungen des Lebens beweisen ja tausendfältig die Herabsetzung der Leistungsfähigkeit Trinkender im Vergleiche zu jener Abstinenter. Alle Sportleute können dies bezeugen. Für unsere Abhandlung wichtiger ist **die Alkoholwirkung auf dem Gebiete des Seelenlebens**[14—16]).

Von älteren experimentellen Untersuchungen seien angeführt:

Bezüglich Auffassung:

Kraepelin: 30—45 g Alkohol; Lesen von Silben ist erschwert; bei 60 g noch nach mehreren Stunden Minderleistung erkennbar;

Ach: 30 g Alkohol; Ablesen von Silben und Worten durch Spalt einer rotierenden Trommel: starke Fehlerzunahme (bis 175 %) und Auslassungen von Silben (1560 %) gegenüber nüchternen Vergleichspersonen;

Maljarewsky: sich bewegende Buchstaben; häufige Fehler im Ablesen derselben mit deutlicher Neigung zu „phantasieren".

Bezüglich Assoziationsfähigkeit: die Versuchsperson hat ein ihr zugerufenes Wort sofort durch ein anderes zu beantworten, das dem Begriffe oder Klange nach mit dem zugerufenen „Reizworte" zusammenhängt.

Bei Alkoholwirkung ist die Assoziationszeit gelegentlich anfangs verkürzt, häufiger etwas verlängert, vor allem ist aber ein Seltnerwerden der Assoziationen auf Grund innerer begrifflicher, örtlicher oder zeitlicher Zusammengehörigkeit und ein Häufigerwerden jener nach dem Klange zu beobachten (u. a. Jörger).

Bezüglich Gedächtnisleistung: dieselbe wird durch Auswendiglernen von Buchstaben- oder Silbenreihen geprüft und bei Alkohol verschlechtert befunden.

Bezüglich einfacher Willenshandlungen:

Kraepelin: 7,5—10 g Alkohol, Signalgeben durch Morseschen Telegraphentaster. Die Zeitdauer der einfachen Reaktion wird zunächst, 20—30 Minuten nach der Alkoholgabe, vorübergehend verkürzt, dann aber deutlich verlängert; daneben fehlerhafte Reaktionen, vorzeitige (übereilte) Reaktionen.

Bezüglich schwierigerer Leistungen:

Joß: anfangs unter Alkohol geringe, vorübergehende Steigerung der Leistung bei Rechenaufgaben (Kopfrechnen), nach einer Stunde Minderung um 4,9 %, nach 2 Stunden 10,9 %, nach 3 Stunden um 12,5 % gegenüber den nüchternen Kontrollpersonen;

Meyer: Schreibbewegung wird verlangsamt usw.;

Aschaffenburg: an Zeitungssetzern. 35 g Alkohol; Herabsetzung der Arbeitsleistung.

Zahlreich und noch deutlicher sind Versuche mit größeren Alkoholgaben (80—100 g) von Fürer, Rüdin, Exner, Kraepelin,

Kürz, Dietl, v. Vintschgau. Neu sind die Versuche über Alkohol und Feinarbeit von Tottermann-Helsingfors (Einfädeln von Nadeln), bei 25 ccm Alkohol (entsprechend 1/2 Liter Bier oder 1/4 Liter Wein), welche beweisen, daß täglicher Genuß solcher geringer Mengen die Leistungsfähigkeit zu solcher Feinarbeit herabsetzt (I. M. 1917. S. 237 ff.).

Schießversuche: Bengt-Boy nach Alkohol Verminderung der Treffer, wobei aber die Versuchspersonen glaubten, besser geschossen zu haben.

Letzteres ist bezeichnend: nach dem Genusse von Alkohol zeigt sich das Gefühl erhöhter Leistungsfähigkeit, die objektive Kritik kann aber die Verringerung derselben beweisen, — so ist es bei all diesen Versuchen.

Nach dem Genusse glaubt jeder besser schreiben, rechnen, denken zu können, geistreich zu plaudern, schön zu singen, hinreißend zu sprechen, erhaben zu dichten, glühend zu lieben, — aber es ist alles Selbsttäuschung, Lug und Trug des Alkohols. Schon dieses „Exzitationsstadium" bei geringen Alkoholgaben erweist sich als eine Folge von Lähmung der Selbstkritik; diese behagliche Euphorie geht aber bei größeren Mengen des Alkohols rasch in einen offensichtlichen Depressionszustand über.

Wie treten nun diese Alkoholwirkungen bei dem durch die Zivilisation, durch unsere Ernährungsweise, durch Alkohol bereits etwas erotisch reizbareren Menschen auf sexuellem Gebiete in die Erscheinung? Dies gründlich zu schildern, müßte ich wohl einem psychologisch und psychiatrisch ausgebildeten Kollegen überlassen; ich kann es nur leicht andeuten.

Die Auffassung von den Dingen und Vorgängen der Außenwelt ist etwas erschwert und beeinflußt durch sexuelle, erotisch gefärbte Vorstellungen des Unterbewußtseins, die sich an die Bewußtseinsschwelle drängen und den Sinneswahrnehmungen eine erotische Färbung verleihen. Die Phantasie beeinflußt diese Wahrnehmungen mehr als beim Nüchternen, und zwar in der Richtung dieser Gefühlsbetonung, während andere, störende Sinneseindrücke unbeachtet bleiben.

Der Anblick eines weiblichen Wesens genügt, den Annäherungstrieb zu wecken; Schönheitsfehler, die den Nüchternen abstoßen würden, werden übersehen; ein gleichgültiger Blick wird als kokett, ein sachliches Wort als verliebt gedeutet, und es genügen Blick und Wort, den Annäherungstrieb noch zu verstärken, verliebte Gegenworte und Gebärden auszulösen. Denn die Assoziation verliert ihre Sachlichkeit und knüpft alle Wahrnehmungen sofort an erotische Bahnen, alle anderen Gedankengänge erschwerend; die Großhirnfunktionen, Gedächtnis und Wille sind narkotisiert, die angelernten moralischen Erziehungsgrundsätze, guten Lehren, Warnungen durch frühere, vielleicht recht böse Erfahrungen sind vergessen: alle „sittlichen Hemmungen" werden zurückgedrängt durch die triebhaften Kräfte, durch die vom Annäherungstriebe beherrschte, der Tumeszenz zustrebende Phantasie. Der Wille findet nur in dieser Richtung liegende Anknüpfungspunkte, denn durch die — auch bei kleinsten Alkoholgaben schon bemerkbare — Großhirnnarkose kommt das sinnliche Triebleben relativ stärker zur Geltung (vielleicht ohne wirklich verstärkt zu sein?), da es, von den Hemmungen befreit, stärker in Erscheinung treten kann. Erst bei größeren Alkoholgaben zeigt sich auch hier die narkotische Wirkung derselben auffallender. So beobachten wir denn bei den Gesprächen der Männer unter sich am Wirtshaustische oft Lüsternheit und Anzüglichkeiten, Erzählungen erlebter oder erdichteter Abenteuer, wobei der Phantasie freier Spielraum gewährt wird; es kommt bei Anwesenheit weiblicher Wesen zum derben alkoholischen Flirt; Beziehungen zu weiblichen Personen werden angeknüpft und ohne Überlegung inniger gestaltet. Im akuten Alkoholismus, im angeheiterten Zustande kommt es so zu Verlobungen, die man später bereut, — aber die „Ehre" gebietet die Eingehung der Ehe. Sollte die Ehre nicht besser verbieten, sich in einen so „unbesonnenen" Zustand zu versetzen? Es kommt zu Verbindungen — sie müssen nicht gerade immer ehelich sein, auch bei vorübergehenden Verhältnissen ist's schlimm genug — mit minderwertigen Weibern; sollte ein edler Mann sich nicht schämen, solche Brut zu zeugen, die Erbmasse seiner Ahnen mit der von entarteten Frauenzimmern zu vermischen und dadurch zu schänden? Sollte ein gesunder Mann sich's nicht überlegen, mit schwer krankhaft erblich belasteten Frauen Kinder zu zeugen? Oder auch nur ernste Beziehungen anzuknüpfen mit Mädchen, die er aus irgendeinem Grunde doch nicht zu heiraten gedenkt? Der Mann weiß, daß uneheliche Kinder — von der religiös-moralischen Seite abgesehen — einen schweren Stand in der Welt haben, nenne man es Vorurteil, es kommt hier nur die Tatsache in Betracht — warum ist er so unbesonnen, solche zu zeugen? Der Alkohol trägt die Schuld.

Der Mann weiß oder sollte wissen, daß im Zustande alkoholischer „Begeisterung" gezeugte Kinder oft nachweisbar in ihren Erbanlagen, ihrer Gesundheit geschädigt sind; ist an solchen Schäden wirklich der Alkohol schuld, oder nicht vielmehr er selbst, der ihn dennoch nicht meidet?

Der Mann soll wissen, wie schädlich für Mutter und Kind die allzurasche Geburtenfolge ist, warum verlangsamt er sie nicht — sei es durch Enthaltsamkeit, sei es durch Schutzmittel? Weil ihn oft der Alkohol unüberlegt handeln läßt.

Ebenso kennt jedermann die Folgen unehelicher Schwängerung — kriminelle Fruchtabtreibung, Kindesmord, Selbstmord der ledigen Mutter aus Scham über den Fehltritt usw.

Ist die Mutter nicht ebenso mitschuldig?

Aber wie oft gab sie sich dem Manne willenslos hin, nur weil sie getrunken hatte. Beim Weibe ist der Alkohol meist schon in kleinen Gaben imstande, den Widerstand dem werbenden Manne gegenüber zu brechen, es zur leichten Beute des Verführens zu machen. Vielleicht die größte Zahl unehelicher Schwängerungen erfolgt in leicht angeheiterter Stimmung des Weibes; geringe Gaben Alkohol genügen vollkommen, diese Stimmung zu erzeugen (s. oben S. 34). Noch furchtbarer wirkt die chronische Einwirkung des Alkohols auf Mann und Weib. Forel[1]) erzählt das Beispiel einer Frau, die durch ärztliche Verordnung von Wein sich an diesen gewöhnte, schließlich allen Freunden ihres Mannes ihre Gunst gewährte — welche Warnung für uns Ärzte, denn doch bei Verordnungen von Medizinalweinen und dergleichen etwas vorsichtiger zu sein! Sind sie denn unentbehrlich?[58]).

Im allgemeinen entwickelt sich aber aus dem chronischen leichten Alkoholismus jene von Erotik beherrschte **Lebensauffassung,** die „freie Liebe", „Sichausleben" verlangt, die schließlich folgerichtig zu Promiskuität und Rassentod führen müßte. Eine solch freiere Auffassung des Geschlechtslebens nach der polygamen Richtung hin pflegt der Trinker halb unbewußt auch bei seiner Frau vorauszusetzen; er fühlt auch recht gut, daß sein Trunk geeignet ist, seine Frau sich zu entfremden; so entsteht denn der für Trinker bezeichnende „Eifersuchtswahn", welcher „mit Eifer sucht, was Leiden schafft", und dieser Umstand gestaltet die Trinkerehe, die durch finanziellen Niedergang, Kränklichkeit der Kinder und oft des Mannes selbst getrübt ist, noch unglücklicher. Der gesellige, lustige, stets „feuchtfröhliche" Mann, der gute Gesellschafter, er ist in seinen vier Wänden — wo sich das Depressionsstadium nach der alkoholischen Angeregtheit abspielt — meist mürrisch und tyrannisch, roh und zu Gewalttaten geneigt; er ist in seiner Eifersucht unberechenbar; Totschlag und Mord ist oft das Ende, Mißhandlung von Weib und Kind aber an der Tagesordnung.

Die bisher geschilderten Modifikationen des Geschlechtslebens durch Einwirkung des Alkohols sind so häufig, daß wir in ihnen gar nichts so absonderliches erblicken; wir betrachten sie schon fast als notwendige Lebensformen: Verführung, Ehebruch, Eifersucht, — welch hübsche Anreizung für unsere Nerven — auf der Bühne, wie im Leben; diese und vollends jede „Anregung" durch geistige Getränke entbehren zu müssen — völlig undenkbar! All diese Würzen des Lebens möchten wir nichts missen; — so lange wir nicht selbst der leidende Teil sind. Moralisch entrüstet sind wir aber, wenn der aufgepeitschte Geschlechtstrieb und die Narkose der sittlichen Hemmungen andere Formen des Geschlechtslebens zeitigten.

Onanie, Selbstbefleckung — heuchlerisch ruft man: pfui! Eltern, bedenkt Ihr nicht, daß Eure reizenden Speisen, das Gläschen Wein, das Ihr den Kindern gebt, daran oft die Hauptschuld tragen?, Alkoholfreie Jugenderziehung!? Wir sind noch recht weit davon entfernt. Und kann sie durchschlagenden Erfolg haben, so lange der Lehrer selbst und die eigenen Eltern durch ihr Beispiel die „Unentbehrlichkeit" des Alkohols den Kindern demonstrieren? Verba docent, exempla trahunt. Der Besitz von Kindern soll auch auf die Eltern erziehend zurückwirken.

Das derzeitige Verhältnis der Jugend zum Alkohol wird durch folgende Zusammenstellung beleuchtet (Fröhlich): 388 000 Schulkinder Wiens und Niederösterreichs im Alter von 6—14 Jahren[50]):

Es tranken regelmäßig

in Wien	Bier	Wein	Branntwein
von 88 895 Knaben	32,2 %	11,3 %	4,1 %
von 92 152 Mädchen	32,2 „	**12,1** „	3,2 „
in Niederösterreich-Land			
von 102 824 Knaben	12,3 „	20,4 „	3,6 „
von 104 283 Mädchen	12,3 „	19,6 „	2,4 „

Von 100 Realschülern Winklers tranken
34 täglich oder nahezu täglich Bier,
28 „ „ „ „ Wein,
7 sehr häufig Kognak oder sogenannte Medizinalschnäpse,
24 tranken Tee mit Rum.

In Berlin (Kneseböker) tranken von 10—17 jährigen Oberrealschülern (488)
43 % mittags, 64 % abends Bier.

Medizinalschnäpse bei Schülern — auch die größere Häufigkeit (12,1 %) des Weingenusses bei städtischen (blutarmen?) Mädchen — sind wohl bezeichnend dafür, wie der „Alkoholaberglaube“ auch von manchen Ärzten der Bevölkerung eingeimpft, beziehungsweise wie unvorsichtig von der Euphoriewirkung Gebrauch gemacht wird, ohne an die Gefahren der Angewöhnung zu denken!

Seltener als die Onanie, aber wichtiger sind die **Perversitäten** des Geschlechtstriebes; „der Alkohol begnügt sich nicht damit, durch die Lähmung der höheren ethischen Vorstellungen und der Vernunftüberlegung dem bestialischen Trieb völlig freien Spielraum zu verschaffen, sondern er hat eine große Tendenz, den Trieb selbst pathologisch zu gestalten. Ein erheblicher Teil der Fälle von Exhibitionismus, der homosexuellen Triebe, der pathologischen Triebe zu Kindern oder Tieren und dergleichen mehr werden durch die Wirkungen des Alkohols ungemein verstärkt oder sogar (bei einigermaßen latenter Anlage) direkt erzeugt“ (Forel)[1].

Fetischismus, Masochismus, Sadismus, Homosexualität, Päderastie, der hauptsächlich Alkoholikern vorbehaltene Exhibitionismus und andere Perversitäten finden wir öfter bei „nervös Belasteten“. Diese Belastung wird aber wieder durch alkoholische Blastophtorie erzeugt oder wieder geweckt (manifest). Die einzelnen Akte, in denen sich diese Perversionen äußern, werden ebenfalls oft unter Alkoholwirkung vollzogen, während der nüchterne Perverse seinen krankhaften Trieb oft zu zügeln oder zu unterdrücken vermag — ein Beispiel, wie die „Disziplinierung“ durch Alkohol erschwert oder geradezu unmöglich wird, während sie beim Nüchternen bewundernswürdige Früchte bringen kann! Wir dürfen übrigens nicht vergessen, wie oft geistig Gesunde unter Alkoholwirkung sexuelle Vergehen und Verbrechen begehen!

Zu den weitest verbreiteten und am meisten gefürchteten krankhaften Erscheinungen im Geschlechtsleben gehören die Geschlechtskrankheiten, denen ich deshalb gemeinsam mit der Prostitution einen Abschnitt widme.

3. Geschlechtskrankheiten.

Es wird schon aufgefallen sein, daß ich bisher die **Prostitution** nur flüchtig erwähnte, ohne sie eingehender zu besprechen. Ich will dies in diesem Abschnitte über „Geschlechtskrankheiten“ tun, denn letztere sind mit der Prostitution so eng verknüpft wie das Kind mit der Mutter, die Pflanze mit ihrem Nährboden. Wohl können Geschlechtskrankheiten auf verschiedene Weise erworben werden, am üppigsten gedeihen sie aber, stets sich erneuernd, im schlammigen Boden dieses „Gewerbes“. Von ihm soll daher zuerst gesprochen werden. Vom geschichtlichen Rückblicke will ich dabei absehen und nur betonen, daß es stets Übergänge vom freien, aus Liebe gewährten Geschlechtsverkehre zum käuflichen, der nichts mehr mit Liebe zu tun hat, gab. Auch heute lassen sich verschiedene Übergänge und Abstufungen des unehelichen Verkehres nachweisen, wobei wir fast stets Beziehungen zum Alkoholismus und Mammonismus antreffen. Ich sprach ja schon vom „Verhältnisse“, wobei Bacchus dem Eros die Fackel hält, doch ist bei demselben doch die gegenseitige Zuneigung meist die Hauptsache. Manchmal spielt aber schon bessere Gestaltung der wirtschaftlichen Lage, Freude an Genußleben, an Schmuck und Gold stark mit, und der Alkohol ist in diesen Fällen schon stärker beteiligt. Vom Schmuck und Gold ist aber nur ein kleiner Schritt zur Käuflichkeit. Selbst in gutgestellten Kreisen in Frankreich ist die Käuflichkeit nicht unbekannt *. Wir wissen, daß französische Sitten leicht auch bei uns Nachahmung finden. Als Kuppler tritt in „besseren“ Kreisen an Stelle von Schnaps und Bier der Sekt [27]) u. [43a]), [51—54]).

Viele Beobachter und Beobachterinnen geben erschreckende Berichte über Unsittlichkeit und Menschenhandel. Die Vorkämpferinnen der Frauenbewegung haben alle Ursache, sich mit diesem Gegenstande zu befassen.

Denn, „wenn auch der Mann in schwerem Falle die Folgen dieser Verkoppelung von Geschlechtsleben und Alkoholismus bis zur Vernichtung seines Daseins erleidet, so müssen wir doch sagen: das wahre Opfer ist das Weib“ [52]).

Mag ein tragisches Schicksal manch jungen Mann verderben, — ich denke dabei an jenen Bruder Helmut Harringas [55]), der eine durchschwärmte Nacht mit dem Verluste seiner Zeugungskraft büßte und deshalb den Tod in den Wellen suchte, — noch schlimmer geht’s dem Weibe, das auf abschüssige Bahn geriet; da kommt es oft so weit, daß es sich um Geld hingibt, ja — es wird als Ware von Händlern verschachert.

Verkauft das Weib sich selbst auf eine Stunde, auf einen Tag, auf länger — es behält doch einen Rest freier Willensbestimmung, Verfügung über sich selbst. Die „Menschenware“ hat auch diesen Rest von Freiheit verloren — und meist vermißt sie ihn nicht einmal schwer, denn sie ist, durch Alkohol betäubt, willensschwach geworden. In der freien, geheimen (klandestinen) Prostitution hat sie für sich selbst zu sorgen; — in der Animierkneipe und im Bordelle ist sie zum Werkzeuge geworden. Für wen? Solch Werkzeug kann doch nicht billig sein? Wir müssen nach kapitalskräftigen Unternehmern suchen, die solche Ware kaufen können. Wirte, verworfene Weiber — sie wissen, das in solcher Ware angelegte Geld rentiert sich gut. Geldgeber ist auch hier meist das Großkapital.

„Die Bordelle beruhen in erster Linie auf der Ausbeutung der Männer wie der Frauen durch das **Alkoholkapital,** also auf der Ver-

* Das soeben erschienene Juliheft 1919 der „Zeitschrift für Sexualwissenschaft“ teilt in der Abhandlung Dr. Hennings Ähnliches aus Amerika mit. Dieser Aufsatz schildert auch recht anschaulich den Zusammenhang der Prostitution mit dem Alkoholismus und dem Alkoholkapitale.

bindung von Geschlechtsleben und Alkoholismus. Das gleiche gilt von den Animierkneipen. Denn diese sind ja nichts anderes, als eine andere Form von Bordellen. Der Wirt nimmt die Prostitution in seinen Dienst, er richtet die Frauen dazu ab, die Gäste zu einem enormen Getränkekonsum zu reizen (Lischnewska)[52]).

Pastor Bohn erwähnt ein Bordellhaus einer Kleinstadt im Werte von höchstens 20 000 Mark mit über 100 000 Mark Hypotheken, eines im Werte von 50 000 Mark mit 150 000 Mark Hypotheken; die Gläubiger sind meist Brauereien, Weinhandlungen, aber auch Bürger der betreffenden Städte. Reinverdienste von 100 000 Mark in 1 Jahre sind nicht selten. Bezeichnend ist eine Wechselrede auf dem 5. internationalen Kongresse gegen den Alkoholismus in Budapest: „Ein ungarischer Arzt hat gesagt, daß es wünschenswert sei, den Alkohol in den öffentlichen Häusern abzuschaffen. Unser Herr Präsident hat ihm geantwortet, daß diesbezüglich schon ein Gesetz vorhanden ist. Darauf hat der Arzt (Dr. Feldmann, der insbesondere auch auf die Bordelle als Schlupfwinkel der halberwachsenen Jugend (!) hinwies) erwidert: ja, aber dieses Gesetz wird nirgends eingehalten. Dieser Dialog ist höchst lehrreich. In der Tat kann die Prostitution ohne Alkohol kaum existieren. Der Alkohol ist ihr Träger, der Alkohol ist ihr Zuhälter, und wenn man ihn abschafft, so hat man halbwegs die öffentlichen Häuser auch abgeschafft. Den Alkoholverkauf kann man eben nicht abschaffen, ohne gleichzeitig die Prostitutionshäuser abzuschaffen" (Forel).

Ein großer Teil der in diesen Häusern erzielten Einnahmen entfällt auf Rechnung geistiger Getränke, je nach der Kundschaft Schnaps, Wein, Sekt — schlechtester Sorte, aber mit enormen Preisen. Die meist schon angeheiterten und überdies geschlechtlich erregten Gäste bezahlen ja gerne, und die Mädchen selbst müssen trinken, um ihr unwürdiges Dasein erträglich zu gestalten. Die Vorsitzende der französischen Frauenliga, Legrain, teilt mit, daß unter 100 Prostituierten öffentlicher Häuser kaum 2 sein dürften, die nicht trunksüchtig wären; sie würden nicht zu ihrem Berufe fähig sein, wenn sie sich nicht vorher betäuben würden. „In einem Bordell, wo besonders Geistliche und Magistratspersonen verkehren, wurden an einem Abende für 1000 Mark Champagner verkauft." Bei der Trunksucht der Prostituierten kommt allerdings außer der „beruflichen Notwendigkeit" als Ursache noch erbliche Belastung in Betracht, nach Bonhöffer in 44,7 % der Fälle.

Alkoholismus und Psychopathien der Eltern legen den Grund zu dem künftigen Lebensschicksale der Töchter; wirtschaftliche Not wirkt dann oft weiter mit, sie im Bordelle beziehungsweise infolge von Syphilis im Kranken- oder Siechenhause enden zu lassen.

So gleichen Alkoholismus und Prostitution „siamesischen Zwillingen"; ersterer begünstigt geschlechtliche Verirrungen und führt oft zu Prostitution — die Mädchen zur Ausübung dieses Gewerbes, die Männer zum Besuche dieser Venuspriesterinnen —, und die Prostitution wieder kann ohne Alkohol nicht bestehen. „Prostitution ist eine Wucherpflanze, die nur auf dem durch Alkohol degenerierten Boden unserer Kultur diese Ausdehnung gewinnen konnte" — und die Früchte dieser Pflanze sind die **Geschlechtskrankheiten;**

sie ist „der nie versiegende Herd" derselben; viel seltener als durch geheime und öffentliche Prostitution werden dieselben durch sonstigen Geschlechtsverkehr erworben, und extragenitale Infektionen mit syphilitischem Gifte sind zwar leider nicht allzu selten, aber doch in verschwindender Minderheit gegenüber den zahllosen Infektionen durch Vermittlung der Prostitution.

Die unmittelbareren Beziehungen zwischen Geschlechtskrankheiten und Alkohol werden durch eine Untersuchung Forels beleuchtet: Forel stellte für den Alkoholgegnerkongreß in Wien 1901 eine kleine statistische Erhebung an, und zwar an 219 Fällen, 190 Männern und 29 Frauen. „Die Hauptfragen waren folgende:

War der Infizierte im Momente der Infektion:
a) chronisch alkoholisch und dazu betrunken?
b) chronisch alkoholisch, aber nicht betrunken?
c) betrunken?
d) leicht angeheitert und unternehmend infolge von Alkohollibationen?
e) vollständig nüchtern?
f) nicht zu ermitteln?

Nur bei 8 Männern war die Sache nicht zu ermitteln, bleiben somit 182 Männer und 29 Frauen. In Prozenten ausgedrückt fanden wir nun, daß bei 76,4% der Männer und bei 65,5% der Frauen die Infektion durch Alkoholgenuß beeinflußt war. Diejenige Rubrik, welche weitaus die Hauptzahlen lieferte, war die Rubrik d): leicht angeheitert usw. Sie traf zu bei 86 Männern und 13 Frauen. Ganz betrunken waren nur 42 Männer und 4 Frauen, chronisch alkoholisch 11 Männer und 2 Frauen, nüchtern 43 Männer und 10 Frauen.

76,8% der Männer und 96% der Weiber waren weniger als 30 Jahre alt. Von den betreffenden Personen hatten 96,5% (bei Männern und Frauen gleich) den ersten Beischlaf vorehelich ausgeübt.

Von den Männern, deren erster Beischlaf des Lebens vorehelich respektive unehelich war, waren dabei 48,5% vom Alkohol beeinflußt gewesen, von den Weibern sogar! 76,5%."

Am gefährlichsten ist die leichte Anheiterung, die Euphorie. Die letztere ist aber doch der eigentliche Zweck des Alkoholgenusses überhaupt. Mögen auch die geringeren Grade des Wohlbehagens ungefährlich scheinen, im Wesen der geistigen Getränke, wie der Narkotika überhaupt, liegt die Tendenz zur Steigerung, besonders bei der Jugend.

Forels Statistik besagt, daß Alkohol in relativ geringen Mengen die Erwerbung von Geschlechtskrankheiten fördert. Die letzteren werden aber auch durch Alkoholgenuß verschlimmert, ihre Heilung wird verzögert, ihre Bösartigkeit gesteigert.

Bekannt ist wohl allgemein die verschlimmernde Wirkung des Alkohols auf den Tripper des Mannes. Wird dieselbe doch vielfach dazu benutzt, um festzustellen, ob die Heilung vollständig ist; bei scheinbar Geheilten, welche aber noch Gonokokken beherbergen, flackert nach Genuß kleiner Mengen Alkohols die Entzündung von neuem auf und beweist damit, daß die Behandlung noch fortzusetzen ist. Nun vergegenwärtigen wir uns aber einmal, daß junge Leute ohne eigenen Haushalt fast stets auf das Gasthaus angewiesen sind, und daß dort Trinkzwang herrscht, wie soll da ein etwaiger Tripper zur Heilung kommen? Oder sprechen wir nur von der Trink„sitte“: der Arbeiter bestellt Wasser oder sonst alkoholfreies Getränk und es würde ihm wirklich verabreicht — sicher wird er aber vom Wirte oder von Kameraden gefragt: Bist du denn krank? Nichts bezeichnet besser unsere Trinksitten, als daß man immer wieder solche Frage hört, und nichts kennzeichnet so sehr unsere Unterwerfung, unseren „Mangel an Zivilcourage“ (mag einer auch das Eiserne Kreuz oder Tapferkeitsmedaillen tragen), als daß zehn gegen eins zu wetten ist, daß der Befragte sich nun doch — ein Glas Bier oder Wein geben läßt, um ja nicht gegen herrschende Gebräuche zu verstoßen, mögen letztere auch sein Gesundheit, ja sein Lebensglück gefährden! Denn was steht auf dem Spiele? Es handelt sich nicht nur um längere Krankheitsdauer, es kann sich um Unfruchtbarkeit fürs ganze Leben handeln, — die Mehrzahl unfruchtbarer Ehen ist durch Tripper des Mannes verschuldet —, um ein Ehehindernis, denn kein gewissenhafter Mann wird vor gründlicher Heilung in die Ehe treten, tut er aber letzteres, sei es aus Leichtsinn, sei es im guten Glauben, geheilt zu sein, oder erwirbt ein Ehemann eine Gonorrhöe, — dann droht schweres Leiden, oft schmerzhaftes Siechtum mit Unfruchtbarkeit dem armen Weibe, das von ihm umarmt wird.

Aber auch die Syphilis wird durch Alkoholgenuß beeinflußt. Ricord spricht von bösartigeren Formen des Primäraffektes. Rezidive des Auftretens syphilitischer Erkrankungsformen sind häufiger, hartnäckiger; die schweren „Spätformen“ treten früher auf, zeigen größere Neigung zu geschwürigem Zerfall.

Syphilitische Erkrankungen innerer Organe sind bei Trinkern häufiger, besonders solche des Nervensystems.

Nach Tarnowsky waren von 100 Kranken mit Lokalisation der Syphilis im Gehirne 43 Gewohnheitstrinker.

Besonders wichtig ist der Zusammenhang der Gehirnerweichung (der progressiven Paralyse) mit Syphilis und Alkohol.

Sie nimmt parallel dem Alkoholverbrauche zu.

Je höher die Flut der geistigen Getränke ansteigt, — und wir haben ja gesehen, daß die auf Kopf und Jahr entfallende Verbrauchsmenge stetig steigt —, desto zahlreicher werden die Fälle von Gehirnerweichung. In Orten mit starkem Alkoholverbrauche ist die Krankheit häufiger als in mäßigeren Gegenden. In Gegenden, deren Angehörige zu trinken gewohnt sind, fordert sie mehr Opfer.

„Das Schankgewerbe macht ein Zehntel der Gewerbetreibenden des Landes Salzburg aus. Es hat aber weit mehr Paralytiker als alle die anderen Gewerbe zusammen, fast eineinhalbmal so viel“ (Schweighofer)[10].

Bekanntlich ist die Paralyse eine syphilitische Erkrankung. Von älteren Autoren sei noch Nasse erwähnt (unter 160 Geisteskranken, bei denen Trunk Ursache der Geistesstörung war, befanden sich 20 Fälle von Dementia paralytica) und Macdonald (unter 155 Paralytikern waren 116 Gewohnheitstrinker). Wir sehen, wie innig der Alkoholismus mit dem Geschlechtsleben überhaupt, insbesondere auch mit den Geschlechtskrankheiten verknüpft ist. „Ohne gleichzeitige Prophylaxe der Geschlechtskrankheiten wird durch die bloße Verhütung der Alkoholvergiftung die Degeneration nicht aufgehalten“ (von Bunge) [56]).

Diese Ausführungen über den Zusammenhang der sexuellen mit der Alkoholfrage möchte ich schließen mit Forels Wort: „Überlegt und vor allem studiert wissenschaftlich die Abstinenzfrage, statt uns ohne Prüfung für Schwärmer und Fanatiker zu erklären. Versucht wenigstens zuerst eine Zeitlang, sagen wir sechs Monate oder mindestens vier, als experimentelle Vergleichsstudie an Euch selbst, auch das mäßige Trinken alkoholischer Getränke zu unterlassen. Eine soziale Frage von solcher Tragweite ist dieser ganz kleinen Mühe wohl wert! Wenn es sich aber alsdann zeigt, daß Ihr Euch dabei besser befindet, dann bleibt Abstinenten, Euch selbst und Eurem Mitmenschen zulieb!“

4. Nach dem Kriege.

Wir haben in der Einleitung die Frage offen gelassen, ob sich etwa im Laufe des Krieges und der inneren politischen Umwälzung, oder durch die furchtbaren „Friedensbedingungen“ der Einfluß des Alkohols auf das Geschlechtsleben irgendwie geändert hat, ob daher heute eine andere Behandlung unseres Volkskörpers nötig sei als vor dem Kriege.

Es ist wohl klar, daß weder das Wesen des Alkohols, noch das Wesen des Menschen, insbesondere unsere Geschlechtlichkeit eine Veränderung erlitt: die im Vorhergehenden geschilderten Beziehungen zwischen Alkohol und Geschlechtsleben bleiben ihrem Wesen nach die gleichen. Aber die Wirkungen des Alkohols werden graduell heute eher noch verderblicher sein als vor dem Kriege, da unsere Gesundheit, unsere Widerstandskraft sehr gelitten hat. Anderseits brauchen wir, um uns wieder aufzurichten, Höchstleistungen unserer Kraft, und solche werden nur zu erzielen sein durch Ausschaltung des Alkohols. „Es kann keinem Zweifel unterliegen, daß die toxischen Wirkungen des Alkohols größere sind, wenn er vom schwer Ermüdeten genossen wird“; unser erschöpfter Volkskörper würde durch Alkohol nur noch stärker geschädigt, als dies bei unserem gesünderen Körper vor dem Kriege schon der Fall war. „Unzweifelhaft ist das beste und einwandfreieste Experiment, das in der Praxis des Arbeiters angestellt werden kann, den Alkohol bei der Leistung jeder Arbeit wegzulassen. Der Erfolg — eine Steigerung der Leistung — wird, wie sicher vorauszusagen, ein eindeutiger sein“ (Durig). Es kann keine Rede davon sein, daß Alkohol — etwa in kleinen Gaben — unsere Rekonvaleszenz, die Wiederherstellung voller Arbeitsfähigkeit, beschleunigen könnte. Wir werden daher im folgenden die Fragen beantworten müssen, in welcher Weise und in welchem Maße unser Geschlechtsleben im weitesten Sinne (soweit dies hier in Betracht kommt) gelitten hat; ferner, ob der Alkohol etwa aus volkswirtschaftlichen Gründen beibehalten werden müsse; wenn nicht, ob sich die Ausschaltung der Alkoholwirkungen heute etwa als noch notwendiger erweise, als vor dem Kriege; endlich wäre die oben S. 7 nur kurz bejahte Frage, ob der Alkoholismus nach dem Kriege überhaupt noch in Betracht komme, bzw. uns gefährde, zu beantworten, beziehungsweise das dort ausgesprochene „ja" zu begründen.

In erster Reihe zu erwähnen wären unsere blutigen und unblutigen **Kriegsverluste an Menschen.**

Zuerst ein Beispiel[9]) aus dem Kurbezirke, den ich während des Krieges zu besorgen hatte. Er war insofern besonders begünstigt, als viele Einwohner im Salzbergwerke notwendig beschäftigt waren und deshalb vom Waffendienst befreit wurden. Dennoch zählte ich schon zu Anfang des Jahres 1917 folgenden Verlust an Toten:

17,9% der „Eingerückten",
fast 10,6% der Männer von 20—49 Jahren,
2% der Einwohnerzahl, oder richtiger, da bei Annahme von 850 Einwohner die Verluste schon abgerechnet sind, auf 867 Einwohner 1,96%.

Mit jenen Vermißten, bei welchen keine Hoffnung auf Rückkehr mehr besteht, betrugen die Verluste (Anfang 1917!)

23,1% der Eingerückten,
13,6% der Männer von 20—49 Jahren,
über 2,5% der Bevölkerung.

Diese Auslese ist bekanntlich eine „verkehrte", rasseschädigende, da sie durchschnittlich bessere Varianten betrifft. Ein schwacher Trost ist, daß die Jugend von 1—17 Jahren in unsrem Dorfe unangetastet blieb.

Eine Übersicht über unsere Verluste im Kriege bringt Guradze in der Zeitschrift für Sexualwissenschaft VI, 1 (April 1919), auf welche ich hier verweise, um nicht den Lesern Bekanntes wieder holen zu müssen. Zahlen will ich schon deshalb nicht anführen, weil die Auslese tatsächlich auch mit dem Friedensschlusse noch nicht zu Ende ist: die Entvölkerung Deutschlands wird noch weiter zunehmen, „denn es ist leider ein weiteres großes Sterben der entkräfteten Bevölkerung zu erwarten" (Guradze); ferner wird die Not wieder viele unserer Tüchtigsten zur Auswanderung verleiten; die Folgen der stärkeren Ausbreitung der Geschlechtskrankheiten lassen sich heute noch schwer ermessen.

Ihrer Art nach sind die blutigen Kriegsverluste, wie schon erwähnt, kontraselektorisch, ebenso verursacht die Auswanderung eine „verkehrte" Auslese. Es wäre nur zu wünschen, daß die Auswanderung, wenn sie schon nicht vermieden werden kann, wenigstens zweckmäßig organisiert würde, damit geschlossene Siedlungen entstehen, die sich ihre deutsche Art dauernd bewahren (Baltenländer, Südamerika).

Ein schwacher Trost mag es vom Standpunkte des Rassenhygienikers (als fühlende Menschen wird sie uns dennoch schmerzlich berühren) sein, daß die Elendsauslese, die im Kriege begann, noch lange fortwirken und Millionen Menschen das Leben kosten wird, vielleicht überwiegend als rassedienlich gelten kann, da ihr die Widerstandsunfähigen, schwächlich Veranlagten, in stärkerem Maße unterliegen. Rassedienlich ist (Graßl in Ploetz' Archiv, Bd. 12) die schärfere Auslese der in Überzahl vorhandenen Frauen bei der Gattenwahl, wodurch die durchschnittliche Tüchtigkeit der Mütter gehoben würde. Dadurch könnte die Herabsetzung der durchschnittlichen Männertüchtigkeit zum Teile wettgemacht werden.

Furchtbar wird der Verlust an Volkszahl sein, umsomehr als die Tendenz zur Geburtenverhütung noch wesentlich infolge des Elendes steigen wird. Manche, wohl die meisten, meinen unter den jetzigen Verhältnissen und für die nächste Zukunft noch eifriger für den Neumalthusianismus eintreten zu müssen; ich vertrete die gegenteilige Ansicht in meinem Schriftchen „Was nun?“ [57]), denn ich glaube, der Geist des Malthus ist leicht geweckt, aber schwer wieder zu bannen. Und daß das allgemeine Drei- oder gar Zweikindersystem (als noch gelindeste Form des Malthusianismus) völkischer Selbstmord ist, ist leicht ausgerechnet [32]). Wir können aber unsere Gütererzeugung gewaltig steigern, „die noch brachliegenden Schätze unserer wirtschaftlichen Kraft heben. Sie reichen aus, nicht nur für uns, auch für unsere Kinder; ja, wir bedürfen letzterer, um sie heben zu können. Denn wir haben für Jahrzehnte vollauf zu tun und rastlos zu schaffen.“ (Was nun? S. 19). Ich bemerke allerdings, daß ich dabei ausdrücklich von der Vermehrung der tüchtigsten Familien, der fähigsten Köpfe und arbeitsamsten Hände spreche und daß der Leserkreis von „Was nun?“ und der übrigen Heimatschriften vorwiegend ein bäuerlicher ist. Denken wir uns nun, um unserem Gegenstande näher zu kommen, in dieser Umwelt des Elendes, namentlich des städtischen, in der Wohnungsnot, in dem Verfall der Sitten, die Zunahme der Geschlechtskrankheiten! Wie furchtbare Verbreitung werden sie finden! Und wenn wir oben sahen, welch große Rolle der Alkohol bei der Verbreitung dieser Krankheiten spielt, so müssen wir zu dem Schlusse kommen, daß wir ihn nicht eifrig genug bekämpfen können. Aber auch abgesehen von seinem Zusammenhange mit den Geschlechtskrankheiten — welche Verbreitung müßte der Not- und Elend-Alkoholismus (Gruppe 3, S. 20) finden und welche Flut von Schädigungen unserer Nachkommenschaft wäre zu erwarten!

In letzterem Falle wirkt Alkohol unmittelbar als Schädiger unserer Volkskraft, in ersterem Falle mittelbar durch Begünstigung geschlechtlicher Verirrungen und Entstehung von Geschlechtskrankheiten. Dazu haben wir noch eine dritte Alkoholwirkung kennen gelernt, die Schwächung unserer Willens- und Tatkraft. Diese drei Faktoren würden gerade heute nach dem Kriege noch unheilvoller wirken als vor demselben. Wir müssen gesund und mutig bleiben — beziehungsweise werden. Mut (nicht mit Leichtsinn zu verwechseln!) und Willen zu einfach-schlichter [57]) Lebensführung müssen wir insbesondere mitbringen zur — Eheschließung, zur Haushaltführung und zur Kinderaufzucht. Manches, was uns heute „unmöglich“ erscheint, wird dann möglich und zur Tat werden. Dann wird uns Deutschlands Erneuerung gelingen[40a]). Die Frauen, die im allgemeinen zäheren Willen haben als der Mann, werden uns dabei tapfere Helferinnen sein, mehr als wir jetzt denken. Gerade ihnen droht jetzt eine größere Gefahr, als uns Männern. Ich kann daher einige Worte über die Frauenfrage nicht unterlassen. Wie stand es mit derselben vor dem Kriege?

Über dieses Problem lasse ich eine Frau urteilen (Anna Schellenberg „Die wirtschaftlichen Tatsachen und die Ziele der Frauenbewegung", Lehmann, München 1914, besprochen von Lenz in Ploetz' Archiv XI): „Das Problem lautet nicht: wie können wir am besten die natürliche Bestimmung der Frau ummodeln, damit sie sich den momentan bestehenden wirtschaftlichen Tatsachen möglichst anpaßt? — sondern: welche wirtschaftlichen Tatsachen müssen umgeändert oder umgestoßen werden, damit die Frau ihrer Stellung im Gattungsleben, damit sie ihrer sittlichen Bestimmung und nationalen Pflicht als Frau und Mutter entsprechen kann, damit sich unser Volk seine Mütter und damit seinen Fortbestand erhalte." Wir haben hier eine der wichtigsten sexuellen, sozialen Fragen vor uns, freilich auch eine schwer lösbare. Und doch vielleicht nicht so schwierig, als es auf den ersten Blick scheinen mag.

In den meisten Fällen wird wirtschaftliche Notlage als Ursache der außerhäuslichen Berufsarbeit verheirateter Frauen angegeben. In einer Zusammenstellung Damaschkes[40]) aus Aachen, Chemnitz, Lüneburg und Magdeburg bei 63—85% der Arbeiterinnen mit der Begründung, daß der Mann gar nichts zum Haushalte beiträgt oder zu wenig verdient. Wenn diese Angabe genauer daraufhin untersucht würde, warum der Mann nichts oder zu wenig verdient oder dem Haushalte zuwendet, — ich bin überzeugt, in einer großen Zahl der Fälle würde — Alkoholismus nachzuweisen sein. 0—34% der Frauen geben an, sie müßten arbeiten, um Schulden abzutragen oder besser leben zu können; hier handelt sich's in vielen Fällen um eine „subjektive" Notlage, wie wir sie als Ursache des Geburtenrückganges oft auch bei ganz wohlhabenden Familien beobachten, da die „Ansprüche an das Leben" höher sind, als dem manchmal gar nicht schlechten Verdienste entspricht. Zu dieser Gattung gehören wohl ziemlich viele Fabrikarbeiterinnen, in unserem Dorf alle[9]). Sie geben die gesunde, einfache Lebensführung ihrer bäuerlichen Eltern auf, der Großteil ihrer Einnahmen dient zur Bestreitung recht unnötiger Auslagen — Putz und Tand, städtische Kleidung, Vergnügungen usw. 0—14% von Damaschkes Arbeiterinnen geben an, ohne zwingenden Grund ihren Beruf ergriffen zu haben. Gewiß bleibt ein guter Rest wirklich schwerer sozialer Not, welche Eingreifen des Staates erfordert. Aber in vielen Fällen wäre die Heilung des trinkenden Mannes und die Änderung der „Lebensauffassung" Voraussetzung zur Lösung dieser Frauenfrage.

Der Krieg hat nun in vielen Fällen, in denen sie früher nicht nötig gewesen wäre, die Frauenerwerbsarbeit zu einer Notwendigkeit gemacht. Frauen traten an die Stelle der einrückenden Männer. Wir durften hoffen, daß nach einer siegreichen Heimkehr der Männer wenigstens zum großen Teile auch die Frauen zum häuslichen und Mutterberuf würden zurückkehren können. Der uns auferlegte Frieden macht diese Hoffnung zuschanden. Schon vor der Bekanntgabe der Friedensbedingungen schrieb ich: „Die Berufstätigkeit der Frauen wird auch nach dem Kriege noch mehr in Anspruch genommen werden müssen, um nur ‚verdienen‘ zu können, um das Leben zu fristen“ [57]). Dieser Friede wird aber viele Männer zur Auswanderung veranlassen und dies wird noch mehr Frauen zur Erwerbsarbeit zwingen. Letztere ist aber nicht nur mit beruflichen Schädigungen verbunden; auch der Gefahr des Alkoholismus wird die Frauenwelt in erhöhtem Maße ausgesetzt sein. Infolge dieses Umstandes und des Elendes wird auch die Gefährdung durch Geschlechtskrankheiten zunehmen. Ja, in manchen Fällen werden Not und Alkohol zur Prostitution führen. Ein Ausweg, der leider nur allmählich zum Ziele führen kann, bietet sich uns nur in der „Verländlichung“ unseres Lebens, im Heimstättenwesen, das der Frau Gelegenheit gibt, körperlich nützlich arbeitend am Aufbaue unserer Zukunft mitzuwirken, ohne darüber die Mutter- und Hausfrauenpflichten zu vernachlässigen. Doch bis dieser Weg allgemeiner beschritten werden kann, wird noch manch Jahr vergehen; diese nächste Zeit der Not wird unheilvolle Wirkungen auf die Frauenwelt ausüben. —

In vieler Hinsicht werden wir in nächster Zeit Gelegenheit haben, Vergleiche mit den Folgen des Dreißigjährigen Krieges anzustellen. In mancher Beziehung sind wir heute noch schlimmer daran wie damals, da wir uns mittlerweile in die Sackgasse einer übertriebenen Industrialisierung verrannt haben. Wir wollen aber nicht vergessen, daß wir seitdem auch manches gelernt haben, insbesondere eine wirksame Bekämpfung der Volksseuchen, u. a. der Geschlechtskrankheiten, und eine richtige Beurteilung der Gefahren des Alkoholismus. Wie können wir den letzteren begegnen?

Eine kausale Therapie kann nur die **Abschaffung** dieses gefährlichen Genußmittels fordern. Ich glaube diese Forderung in den vorhergehenden Abschnitten zur Genüge begründet zu haben, besonders auf S. 21—22; trotzdem wird sie vielleicht noch immer dem einen oder anderen Leser zu „radikal“ und „fanatisch“ erscheinen, und noch mehr „utopisch“ als die „Mäßigkeit“ [58]), [59]), [60]). Letztere wird gerne als die goldene Mittelstraße gepriesen zwischen dem steil und allzusteinig scheinenden Weg der Enthaltsamkeit und der sumpfigen Straße der Trunksucht. Ich wende dagegen gleich ein, daß letztere überhaupt keine Straße ist, sondern eben ein Sumpf, in dem man nicht vorwärtsschreiten kann, sondern nur stecken bleibt und immer tiefer sinkt, wenn man nicht herausgezogen wird. Wege gibt es also nur zwei — Enthaltsamkeit oder Trinken. Die Straße des Trinkens, natürlich des „mäßigen Genusses“, verläuft aber nahe am Rande des Sumpfes. Sie ist meinetwegen wirklich aus Gold, aber Goldpflaster ist ein schlüpfriger Boden! Wir sehen denn auch, daß etwa jeder 10. Wanderer zu Falle kommt und in den Sumpf der Unmäßigkeit gleitet [23]).

Wir sahen ja: in der Schweiz sind unter 100 Todesfällen der Altersklasse 40—49 Jahre 19, der Altersklasse 30—39 und 50—59 Jahre je 16 Männer, bei denen der Alkoholismus am vorzeitigen Tode offenbar mitwirkte; bei uns in Österreich dürfte es nicht viel anders sein, ebenso im Deutschen Reiche. „Jeder 11. bis 12. erwachsene Mann, der im Wiener Allgemeinen Krankenhause stirbt, geht an den Folgen des Alkoholgenusses zugrunde“. Die goldene Straße der Mäßigkeit ist wahrlich nicht ungefährlich! Sollte vor ihr nicht gewarnt, sollte sie nicht gesperrt werden? Man stellt also Warnungstafeln auf, doch ja mäßig, d. h. auf der goldenen Straße zu bleiben; man warnt sich gegenseitig, doch man bewundert den Künstler, der es versteht, recht knapp neben dem Sumpfe zu gehen, man lächelt, wenn einer dem Sumpfe nahe kommt und sich einmal beschmutzt, man jammert, wenn immer wieder ein Wanderer von ihm verschlungen wird — ob nun jeder 5. oder 10. oder auch nur 12. Mann — darüber braucht man nicht zu streiten; wenn's auch nur jeder 50. wäre (diese Zahl trifft bei den *Frauen* beiläufig zu), so müßte dies die *Sperrung* der Straße *rechtfertigen*. Aber man entschließt sich nicht dazu, auf den steileren, sicheren Weg der Enthaltsamkeit abzubiegen, man geht ja so bequem auf der belebten Straße der Mäßigkeit, man schiebt und wird geschoben, fühlt sich behaglich im bunten Gedränge und achtet gar nicht mehr darauf, wie *viele* seitab in den Sumpf gleiten — es werden ja doch scheinbar nie weniger Wandler, die im gleichmäßigen Schritte unbekümmert dahinziehen. Im Gegenteile, die Straße wird immer belebter. Denn die Trinksitte nimmt entsprechend dem ungeheuren Anwachsen der Erzeugung geistiger Getränke immer mehr zu, ergreift immer weitere Kreise, die fernsten Berghöhen und entlegensten Täler sind mit Gasthäusern „beglückt“; auch die bisher noch großenteils enthaltsam gebliebenen Frauen beugen sich immer lieber dem süßen Joche dieser „Sitte“. (Sie werden es, wie schon erwähnt, nach dem Frieden noch lieber tun.)

Der Weg wird belebter, die Opfer werden zahlreicher. Warnen und predigen nützt *nichts*.

„Bei den heutigen Trinksitten und Trinkgewohnheiten sind fast alle, welche trinken, in Gefahr, mehr zu trinken als ihnen zuträglich ist, und Tausende und Tausende werden willenlose Sklaven des Alkohols“, sagt Egger[10]), und dieser erfahrene Bischof spricht weiter: „Bisher meinten die meisten, man solle die Leute zur *Mäßigkeit* anhalten. Ich war auch dieser Meinung. Ich habe, so lange ich Bischof bin, nicht aufgehört, in den Fastenmandaten, in anderen amtlichen Erlässen, in Vorträgen und Broschüren Mäßigkeit zu predigen. Aber obschon ich die St. Gallner in diesem Kapitel nicht für schlimmer halte, als die übrigen Schweizer, ich kann Sie versichern, daß ich mit all dem *gar nichts ausgerichtet* habe. Was ich seit einem halben Jahre durch meine Bemühungen für die *Abstinenz* erreicht habe, ist freilich überaus bescheiden. Aber ich verspüre doch etwas, während ich vorher von allem, was ich sagte, nicht einmal ein Echo vernehmen konnte. Ich bin überzeugt, wenn ich noch 20 Jahre Mäßigkeit predigen würde, es im zwanzigsten schlimmer stehen würde als im ersten.“

Ich führe absichtlich* einen *katholischen Bischof* an. Denn wir wissen, daß die katholische Kirche *sehr* viel vermag; so-

* Wenn ich an einzelnen Stellen den Katholizismus, an anderen die „Gemütlichkeit“ der Süddeutschen, einschließlich der Schweizer und Deutschösterreicher betone, geschieht

gar den Geburtenrückgang (s. S. 39) kann sie hemmen! Aber — Mäßigkeit predigen ist selbst bei ihr verlorne Mühe. Kann ja auch nicht anders sein, ich erinnere nur nochmals an v. Bunges Gleichnis: so lange der Zuflußhahn nicht zugedreht wird, nützt das Ausschöpfen der Badewanne nichts. —

Hauptgrund, völlige Enthaltsamkeit zu fordern, ist vom Standpunkte der Sexualwissenschaft die keimschädigende Wirkung des Alkohols; aber auch die sonstigen Erscheinungen des Alkoholismus sind schwerwiegend. Dem gegenüber haben wir k e i n e Ursache, an dem Gebrauche eines so gefährlichen Genußmittels festzuhalten.

Denn wofür oder für wen wäre es u n e n t b e h r l i c h? Nicht einmal für den Erzeuger. Denn das G r o ß k a p i t a l kann sich der Erzeugung anderer, wichtigerer und nützlicher Dinge widmen. Tatsächlich haben jetzt im Kriege z. B. viele Brauereien andere Verwendung bekommen: eine solche in Dresden hat eine Hafernährmittelfabrik eröffnet, eine Linzer Brauerei betreibt Obstverwertung und Marmeladeerzeugung, eine in Gmünden erzeugt Dörrgemüse usw. *. Viele W i r t e können andere Berufe finden, gerade wie zur Zeit, da die ersten Eisenbahnen gebaut wurden und die einst belebten Landstraßen verödeten. Zum Teil werden sie alkoholfrei weiter wirtschaften können, sehr zum Nutzen ihrer eigenen Gesundheit. B o r d e l l e freilich werden die Alkoholentziehung nicht überleben können — das ist Gewinn für die Allgemeinheit. Die V e r b r a u c h e r werden ihr Geld auch auf andere Weise loswerden, ohne dadurch sich selbst und ihre Nachkommen zu schädigen. Denn warum sollten sie denn trinken? Gegen den Durst? Da gibt's Wasser und andere Getränke, die diesen Zweck besser erfüllen. Oder um die Gesundheit zu kräftigen, die Arbeit zu erleichtern, usw.[60])? Ein altes Lied zählt 50 solcher Gründe auf! (I. M. 1918. S. 107.)

Von allen Gründen ist aber nur e i n e r stichhaltig: „wir trinken, weils uns s c h m e c k t“. Wir wollen sehen, w a r u m uns gerade die geistigen Getränke schmecken, so daß der Trinkgewohnte andere Getränke schal findet.

Der Schnaps ist scharf und brennt auf Zunge und Gaumen, von Wohlgeschmack kann keine Rede sein. Dasselbe gilt vom Bier. Nur der Wein enthält liebliche Duftstoffe, die trefflich munden. Der Wohlgeschmack der Trauben oder — beim Obstweine — anderer Früchte ist Genuß. Aber wozu dann die Beigabe des Alkohols? Die guten Stoffe sind ebenso, ja vollkommener im unvergorenen Safte enthalten, und heute können wir solchen unbegrenzt haltbar herstellen, es macht sogar weniger Mühe und Arbeit[61]), als ihn vergären zu lassen; der Fruchtzucker, die Salze der Fruchtsäuren usw. bleiben erhalten. Solch alkoholfreies Getränk schmeckt gut, hat Nährwert

---

es nicht, um Scheidewände gegen den Norden aufzurichten; ich glaube, daß die bessere Kenntnis solcher Stammesunterschiede zur erwünschten A n n ä h e r u n g beitragen müßte.

* Jene Zeiten sind freilich vorüber, in denen ein Friedrich Wilhelm III. es für einen Segen erklärte, wenn die Branntweinsteuer auf Null fiele, und die Anlage von Brennereien auf seinen Krongütern verbot, oder Erzherzog Karl auf seinen schlesischen Gütern die Brennerei einstellen ließ, die ihm jährlich 100 000 Gulden getragen hatte! Später dachten Fürsten nicht mehr so sozial; und die republikanische Regierung braucht wohl die Alkoholsteuern notwendig — oder nimmt sie zu sehr Rücksicht auf die „öffentliche Meinung“ der breiten Massen? auf deren „Stimmung“? (s. S. 65).

und bietet wirklich Erfrischung, Kräftigung und Gesundheit. Die **Säfte** sind gute „Gottesgabe“, die wir nicht verschmähen und noch weniger durch Gärung entwerten sollen, seit wir die Entkeimung (das Sterilisieren) kennen.

Warum halten wir heute noch an der Vergärung fest? Aus Gewohnheit, und weil wir eben auch beim Weine wie bei Bier und Schnaps die Alkoholwirkung nicht entbehren wollen. Den „Genuß“ suchen wir also in dieser und finden ihn in der narkotischen, betäubenden Wirkung des Alkohols.

Wir Menschen haben gewiß Anrecht auf Genuß[62]), wir brauchen ihn zur Anregung der Lebens- und Schaffensfreude. Genuß bietet uns der erquickende Schlaf, Genuß ist dem Hungrigen die Speise, dem Durstigen der Labetrunk, dieses Streben nach Genuß erhält somit geradezu das Leben des Einzelnen. Genuß suchen wir im Geschlechtsverkehre, somit erhält er die Rasse. Genuß ist für den tatenfrohen gesunden Menschen die Arbeit, Genuß bietet ihm jeder seiner Sinne, der Anblick der Landschaft, der Farbenpracht der Blumen, eines schönen Bildes, eines künstlerisch ausgeführten Gebäudes. Genuß gewährt ihm die Rede, die Musik, Genuß die laue Lenzesluft und das erquickende Bad. — Der Genuß ist Schöpfer, Erhalter und Triebkraft des Lebens. Alkohol schwächt aber die Sinne und damit unsere Genußfähigkeit.

Narkotische Mittel sind Feinde des Lebens; sie sind keine echten Genußmittel. Nur in der Hand des erfahrenen Arztes können sie unter Umständen nützlich sein. Man kann einwenden, Betäubung der Unlustgefühle ist auch „Genuß“. Wir Ärzte wissen aber, daß Unlustgefühle treue Warner sind, die uns veranlassen sollen, die Ursache des Unbehagens oder der Schmerzhaftigkeit zu suchen und zu entfernen, kausale Therapie zu treiben[58]), [63]); wer nur mit der Morphiumspritze arbeiten wollte, würde freilich einige Tage lang den aufrichtigsten Dank der Kranken ernten, aber die weiteren Folgen wären oft recht schlimm: — statt Heilung der Krankheit die Hinzufügung einer neuen — der Morphiumsucht.

Den Alkohol aber können wir getrost dem Opium und seinen Alkaloiden zur Seite stellen[64]). Wir Enthaltsamen wollen ihn auch ebenso verwendet, auf Apotheken und allfälligen Heilgebrauch beschränkt wissen. —

Die geistigen Getränke sind gefährliche Genußmittel, und wer möchte sich ihrer mit ungetrübter Freude bedienen, wenn er bedenkt, welchen Schaden sie ihm verursachen können? Aber wir wollen das Schwergewicht nicht darauf legen und eine egoistischen oder gar hypochondrischen Beweggründen entspringende Abstinenz als Hochziel aufstellen; aber wenn jemand überzeugt wäre, ihm schaden die Rauschgetränke nicht, und er wäre überdies unbeweibt und kinderlos — also auch eine Keimschädigung ausgeschlossen — dann gilt das Wort Elsters: „Schon individuell kann kein Mensch sagen, was für ihn mäßig ist, zumal da er die Wirkungen des Aufeinanderhäufens kleinster Schädigungen nie zu kontrollieren vermag. Ein solcher Begriff ist also für die Wohlfahrt des Einzelnen wissenschaftlich unbrauchbar. Um wie viel mehr ist aber eine solche Begrifflosigkeit vom sozialen Standpunkte ein Unding! Sozial wiegt das grenzenlose Elend, das durch den unmäßigen Alkoholgenuß hervorgerufen wird, so unendlich schwer, daß die Aufgabe eines Genußmittels, dessen Nützlichkeit nirgends nachgewiesen werden kann, auch von denen gefordert werden muß, die unter jenem Elend nicht unmittelbar leiden.“ Elster ist aber Nationalökonom. Es scheint also kein volkswirtschaftlicher Grund für die Beibehaltung des Alkohols zu sprechen. — Oder doch?

Manche wenden ein, unsere Landwirtschaft würde geschädigt, wenn die Alkoholerzeugung zu Genußzwecken aufhören würde. Das wäre freilich böse. Denn die Deutschen im Reiche vertranken zur Friedenszeit die Ernte von $1^3/_4$ Millionen Hektar Land, nämlich $^1/_{16}$ des Getreideertrages, $^1/_{13}$ des Kartoffelertrages, Wein von einer Anbaufläche von 121 000 ha, der Hopfenbau betrug 170 000 dz (Schöll) [65].

Müßten diese Flächen etwa brachliegen? Nun, wir wissen ja, wie notwendig wir sie für unsere Ernährung brauchen; wir wissen, daß Weintrauben und sonstiges Obst alkoholfrei zu verwerten sind. Selbst wenn wir Überfluß an diesen Lebensmitteln hätten, könnten wir sie ausführen und dadurch unsere Währung verbessern.

Ähnlich lagen die Verhältnisse in Österreich.

Hier dienten der Alkoholbereitung (Orel, I. M. 1915):

235 000	ha	Weinland,
330 000	„	Gerstenland,
20 000	„	Hopfenland,
85 000	„	Kartoffelland,

und die Zahl der in der Alkoholwirtschaft voll Erwerbstätigen betrug 900 000 Menschen oder $^1/_{15}$ der in Güterergänzung und -verkehr Erwerbstätigen.

All diese Bodenflächen beziehungsweise deren Erzeugnisse brauchen wir nun notwendig zu unserer Ernährung. **Wir müssen** die Erzeugung von Alkohol aus Nahrungsmitteln schon aus diesem Grunde nicht nur — wie es bisher schon geschah — einschränken, sondern vollständig einstellen. Gegenüber diesem Muß dürfen wir das Wort „Utopie“ um so weniger kennen, als uns das Beispiel anderer Staaten lehrt, daß das vermeintlich „Unmögliche“ recht wohl möglich ist. Ich habe schon oben davon gesprochen, daß Island alkoholfrei ist. In den Vereinigten Staaten sind Ende 1918 bereits 32 (von 48) „Verbotsstaaten“, also zwei Drittel, und damit steht das Alkoholverbot für den gesamten großen Staatenbund unmittelbar bevor! Rathenau sagt: „Die Tendenz der Enthaltsamkeit umkreist die Erde . . . Wir sollen uns von dieser Tendenz nicht ausschließen, denn es gibt kein Kräftegebiet, auf dem wir hinter anderen zurückbleiben dürfen.“ Die Befolgung dieses Rates wird nun — nach dem Zusammenbruche — zur Notwendigkeit. Ich selbst schrieb (Intern. Monatsschr. Juli 1917): „Daß die Enthaltsamkeit des Volkes freigewollt und auf Wissen gegründet sein solle, nicht erzwungen; ich will daher auch kein sofortiges gänzliches Alkoholverbot; aber ich sehe nicht ein, warum wir nicht die „Freiheit“, sich und die Nachkommen zugrunde zu richten, etwas beschränken, die wirkliche Freiheit, nämlich die Befreiung vom Alkoholkapitale und von den Trinksitten, durch Verordnungen fördern sollten“; dies scheint ziemlich logisch in einer Zeit, in der man uns sogar die Brotmenge zumißt.

Der Verband der Leipziger Alkoholgegnervereine sagt uns, wie tief beschämend das Festhalten an unserer Gewohnheit in den Zeiten der Not ist, in folgendem Aufrufe:

„Was tut Amerika?

Seit 1. Dezember 1918 sind in Amerika alle Brauereien geschlossen, um die **Gerste** zu Brot für Europa und die **Kohlen** zur Wohnungsheizung freizubekommen.

Und wir?

Wir haben im Kriege über 50 Millionen Zentner Gerste zu Bier verarbeitet und dabei gehungert! Wir betteln bei unsern Feinden demütig um **Brot** und vergeuden unser eigenes Getreide! Den Brauereien werden **Kohlen** geliefert, die Familien aber dürfen frieren! Tausende von Pferden, Wagen und Eisenbahntransportmitteln dienen der Beförderung von Bier, aber zur Herbeischaffung der nötigsten Lebensbedürfnisse fehlen die Beförderungsmittel.

Michel, wach auf!“

Wir stehen hier auf dem Grenzgebiete verschiedener Wissenschaften.

Die Ernährungsphysiologie (welche jetzt so hervorragende Bedeutung für uns besitzt) sagt: Fort mit dem Alkohol als Genußmittel; ebenso wird die Sexualwissenschaft urteilen müssen; die Nationalökonomie kommt zu dem gleichen Schlusse. Sie zeigt auch, ebenso wie die Völkerkunde, daß die Abschaffung der geistigen Genußmittel durchaus möglich und nützlich ist.

Die Völkerpsychologie sagt uns, daß unser Ansehen bei den Nachbarvölkern durch unsere Trinksitten nicht gehoben wird. Der Deutschamerikaner gilt dem Englisch-Amerikaner — leider oft nicht mit Unrecht — als der reaktionäre Vertreter der Brauerinteressen gegen die sieghafte Idee der „Verbotsbewegung“. Sie sagt uns im Vereine mit der Kulturgeschichte, daß Kultur fortschreiten müsse, aber nicht Sprünge machen dürfe. Auch die Biologie lehrt uns Entwicklung; solch allmähliche Entwicklung liegt selbst dort vor, wo die Natur Sprünge zu machen scheint (Mutationen).

Diesen Mutationen scheinen die Revolutionen im Staatsleben ähnlich zu sein. Sie bringen anscheinend plötzliche Änderungen im Völkerleben hervor, haben sich aber doch meist schon jahrzehntelang in der Volksseele vorbereitet bzw. beruhen auf Veränderungen in der Struktur des Volkes; wenn auch dem Pendelausschlag nach links ein solcher nach rechts (die Reaktion) folgt, gleichwie der Flut die Ebbe, so bleiben doch merkliche dauernde Veränderungen bestehen. Wir haben somit eine größere Anzahl wissenschaftlicher Probleme vor uns, die sich zum Teil schwer einheitlich lösen lassen.

Hinter uns aber stehen Not und Elend und drängen zu rascher Entscheidung.

Wie letztere ausfallen soll, möchte ich in folgende Worte zusammenfassen. Leitgedanke sei, daß eine neue, alkoholfreie

Kultur in unsern Landen erblühen soll. Auf dieses Ziel müssen wir mit Volldampf lossteuern. Es ist erreichbar. Freilich nicht mit einem Sprunge.

Kultur ist (Graßl, Ploetz' Archiv 1909) „die harmonische Entwicklung aller seelischen und körperlichen Kräfte“ (welche an unsere Erbanlagen gebunden sind), „in der Richtung des Wahren und Guten.“ „Sie ist ein ewiges Werden.“

Sie muß sich aus dem Wesen unseres Volkes heraus entwickeln. Der plötzliche Übergang zum staatlichen völligen Alkoholverbote wäre deshalb nicht angezeigt und würde, wenn durchgeführt, bald einen Rückschlag zur Folge haben. Denn wenn auch die Trinksitte nicht in unserem Wesen wurzelt (der Mensch ist von Natur aus ebenso wie alle Tiere ein geborener Wasser- und allenfalls Milchtrinker), so ist sie doch unserem Volke angewöhnt und anerzogen und es bedarf gewisser Zeit, diese „Erziehung“ in die entgegengesetzten Bahnen zu lenken.

Das „Staatsverbot“ ist eine köstliche Frucht, die Zeit braucht, heranzureifen. Wir können aber Mittel anwenden, diesen Vorgang der Ausreifung zu beschleunigen und zu erleichtern.

Die Alkoholbekämpfung ist uns aber nicht Selbstzweck; sie soll auch nicht den Ernährungsschwierigkeiten und der Not der Stunde allein entspringen. Sie ist ein Mittel, den Aufstieg unseres Volkes zu erleichtern, ja mehr noch: sie war, ist und bleibt ein Gebot der Ethik.

Wir sahen auch, wie innig der Alkoholismus mit den ungesunden Auswüchsen des Geschlechtslebens verwachsen ist. Wir werden daher auch die letzteren zugleich mit dem Alkoholismus entfernen und dadurch das Geschlechtsleben gesunden lassen.

Es würde sich kaum rechtfertigen lassen, wenn ich hier, da ich vom „Staatsverbote“ spreche, des Versuches vergessen wollte, den Rußland machte, dasselbe einzuführen. Die Einführung des Staatverbotes in Rußland kam nicht so unvermittelt als es scheint. Abgesehen von den 14 Millionen gläubiger Mohammedaner, die im Süden Rußlands abstinent lebten, waren in Rußland nicht wenige Leute, welche die Gefahren des Alkoholismus recht wohl erkannten, und viele, namentlich die unter dem Trunke der Männer leidenden Frauen, begrüßten das Verbot mit Freuden; ja, ganze Gemeinden baten um die Beibehaltung des Verbotes im kommenden Frieden, abgesehen von Finnland, das schon vorher zweimal das Alkoholverbot verlangt hatte. So fand das russische zu Beginn des Krieges erlassene Alkoholverbot keinen ganz unvorbereiteten Boden. Genaueres über seine Durchführung und Wirkung brachte u. a. die I. Monatsschrift 1914, S. 251, von Schilow. Er spricht u. a. von 1800 Abstinenzvereinigungen mit 1/2 Million Mitgliedern; S. 372 Befehl des Kriegsminsteriums; 1915, S. 136 und S. 186 mit noch recht widerspruchsvollen Meldungen über die Aufnahme des Verbotes; S. 277 ff. bringen schon Angaben über sehr günstige Wirkungen mit statistischen Feststellungen; 1916 auf S. 41, 57 und 197 eine Fülle neuer Tatsachen. Erwähnt sei, daß bis März 1915 von 346 Städten sich 179 für die Beibehaltung des Verbotes aller geistigen Getränke nach dem Kriege, 115 für die Beibehaltung während des

Krieges aussprachen; von 98 Semstwos 42 für bleibendes Verbot, 41 für Kriegsverbot.

Man wendet gerne ein: das Alkoholverbot wurde in Rußland (ähnlich auch in den amerikanischen Verbotstaaten) oft umgangen. Diese Tatsache kann niemand leugnen. So oft, als die vom Alkoholkapital beeinflußte Presse von solchen Umgehungen berichtet, kamen sie freilich n i c h t vor. Aber allzuselten waren und sind sie nicht. Wird denn, seit es Gesetze gegen den Diebstahl gibt, nicht mehr gestohlen? Sind deshalb diese Gesetze nutzlos? Ein großer Unterschied ist doch, ob die Trinksitte den Normalzustand bildet und ein Abstinent als seltenes Wundertier bestaunt wird, — wie dies vor einem Jahrzehnte bei uns noch manchenorts der Fall war —, oder ob die Enthaltsamkeit der Normalzustand ist und das Trinken eine Ausnahme.

Was von dem Verbote nach dem Zusammenbruche Rußlands in dessen Teilstaaten übrig bleiben wird, läßt sich heute noch nicht beurteilen. Bei uns in deutschen Landen besteht die organisierte Enthaltsamkeitsbewegung erst einige Jahrzehnte, aber die Erfolge sind gut. Bei gleichbleibender Tendenz zur Ausbreitung würde in wenigen weiteren Jahrzehnten von einer ziemlich guten durchschnittlichen Volksaufklärung über die Alkoholfrage (sowie über die Notwendigkeit der „lebensreformerischen“ Bestrebungen überhaupt) gesprochen werden können.

Es ist ja durchaus nicht nötig, daß jeder einzelne für dieses Ziel sich b e g e i s t e r t fühlt. Die große Masse will und muß von den F ü h r e n d e n, namentlich durch deren Beispiel, mitgerissen werden.

Jedenfalls wären wir heute für ein Staatsverbot m e h r vorbereitet, als Rußland es 1914 war. Das kann uns aber nicht genügen. Wir sind keine Slawen. Wir ließen und lassen uns keine Gesetze vorschreiben, deren Sinn und Zweck uns nicht vollkommen klar ist. Darum geht auch heute die allgemeine Volksmeinung dahin, daß die Verordnungen zur Einschränkung der Brauerei und Brennerei nur für die Zeit unserer Lebensmittelnot gelten; die Einsicht, daß diese Lebensmittelknappheit noch viele Jahre dauern wird, und daß es noch andere Gründe zur Alkoholbeschränkung gibt, ist noch zu wenig verbreitet. Die Aufklärung des Volkes macht zwar rasche Fortschritte, aber bis die Frucht der Erkenntnis in unserer vom Alkoholaberglauben noch stark getrübten Atmosphäre r e i f t, können noch viele Jahre vergehen. So lange k ö n n e n w i r u n t e r d e n j e t z i g e n V e r h ä l t n i s s e n u n m ö g l i c h u n t ä t i g w a r t e n!

Wir müssen jedenfalls die **„Ausreifung** der Frucht“, mit anderen Worten, die Aufnahmefähigkeit des Volkes für den Verbotsgedanken **mit allen Mitteln beschleunigen.** Das V e r b o t d e r B r a u e r e i u n d B r e n n e r e i wäre s o f o r t nötig; das V e r b o t d e r W e i n e r z e u g u n g wäre schon aus äußeren Gründen (Mangel an Einrichtungen, alle Trauben rationell zu verwerten) d e r z e i t u n m ö g l i c h; damit wäre jenen, welche den Alkohol nicht entbehren zu können glauben, die Gelegenheit belassen, ihre Sehnsucht zu stillen. Aber gleichzeitig muß sofort eine e n e r g i s c h e

Aufklärtätigkeit über die Notwendigkeit des gänzlichen Alkoholverbotes (auch des Weines im Laufe einiger Jahre) einsetzen. Bisher wurde die Alkoholfrage meist sehr zaghaft berührt, auch die „Einschränkungen“ wurden nur zögernd durchgeführt. Nicht nur infolge des Widerstandes des Alkoholkapitals, sondern auch aus „Rücksicht auf die Stimmung der Bevölkerung“. Namentlich in Bayern ließ man das Bier noch ziemlich reichlich fließen. Demnach hätte doch in Bayern „gute“ Stimmung herrschen, es hätte am längsten „durchhalten“ müssen? Aber das Bier half nichts. Der bayrische König war der erste Entthronte. Übrigens gibt es heute schon sehr viele „Muß-Abstinente“, die bei einigermaßen lebhafter Aufklärung leicht in bewußt wollende Abstinenten umzuwandeln wären. Aber für diese Aufklärung scheint es an Zeit, Geld und Papier zu fehlen, also an Dingen, die in Überfluß vorhanden waren, als es galt, die Zeichnung der Kriegsanleihen durchzusetzen; Schule, Kirche, Ämter, Private wurden da in Bewegung gesetzt! Auch heute spielen Papier, Zeit und Geld keine Rolle, wenn es sich um Parteipolitik handelt. Aber für Aufklärung und Volksgesundung gilt das alte „Langsam voran!“ Der Krähwinkler Landsturm ist noch nicht demobilisiert.

Zum Schlusse haben wir noch die letzte Frage zu beantworten: ob denn ein **Wiedererstarken des Alkoholismus in Aussicht** sei? Gewiß ist dies der Fall. Das Alkoholkapital kann es kaum erwarten, wieder dort fortzusetzen, wo es während des Krieges aufhören mußte: bei der Massenerzeugung geistiger Getränke. Daß letztere auch ausgetrunken werden und dadurch die Erscheinungen des Alkoholismus wieder üppig blühen werden, ist dann selbstverständlich. Wir werden ja sehen, ob die Regierung — der Not gehorchend — sich zu strengen Maßnahmen entschließt und das Brau- und Brennverbot durchsetzt. Selbst diesen wünschenswerten günstigsten Fall angenommen, wäre uns immer noch das Anschwellen des Weinalkoholismus sicher. Auch Bier und Schnaps würden trotz des Erzeugungsverbotes nicht ganz fehlen, da sie vom Auslande eingeführt werden können. Besonders werden wir aber mit Wein (von Frankreich und Italien) reichlich versorgt werden. Denn die Einfuhr können wir nicht verhindern. Sie wird einen Bestandteil der handelspolitischen Vorteile bilden, die wir den „Siegern“ gewähren müssen. Völlige Regelung der Alkoholfrage ist nur auf internationalem Wege möglich, wenigstens für Staaten, welche nicht die nötigen Machtmittel besitzen, sich gegen die Forderungen anderer, auf die Blüte ihres Alkoholhandels bedachter Staaten zu wehren. Aber nach Möglichkeit werden wir uns auch gegen die Einfuhr ablehnend verhalten (bei Bier und Schnaps könnte dies vielleicht gelingen). Der Aufbau unserer alkoholfreien Kultur wäre dagegen eine nationale Angelegenheit. Dieses Ziel zu erreichen, wäre demnach Aufgabe unserer Innen- und Außenpolitik. Diese zu erörtern gehört nicht mehr in den Rahmen dieser Abhandlung.

Literaturverzeichnis.

Bezüglich der Literatur über die „sexuelle Frage" verweise ich auf den Anhang „Bemerkungen über die Literatur der sexuellen Frage" in Professor Dr. A. Forels „Die sexuelle Frage", ferner auf die wertvollen Literaturverzeichnisse in Dr. A. Ploetz' „Archiv für Rassen- und Gesellschaftsbiologie"; eine „Bibliographie der gesamten wissenschaftlichen Literatur über den Alkohol und den Alkoholismus" von Dr. C. Abderhalden; ferner auf die „Internationale Monatsschrift zur Erforschung des Alkoholismus", Basel (Abkürzung im folgenden „I. M.").

Schriftenverzeichnisse über die Alkoholfrage sind unentgeltlich zu beziehen u. a. vom Mimirverlage Stuttgart, Senefelderstraße 13, vom I. O. G. T., Hamburg 30.

Danach vermag sich jeder Leser leicht die Schriften über jene Teilgebiete auszuwählen, welche ihn besonders interessieren.

Die hier folgenden Angaben von Schriften sind sehr lückenhaft und beziehen sich nur auf die betreffenden Stellen im vorstehenden Texte.

1) Forel, Prof. Dr. A., „Die sexuelle Frage". München. E. Reinhardt. 628 Seiten.
2) Jahrbuch für Alkoholgegner 1914, Deutschlands Großloge II. I. O. G. T., Hamburg 30.
3) Bertholet, Dr., „Action de l'alkoolisme sur les organes de l'homme et sur les glandes reproductrices en particuliers." Lausanne. Frankfurther. Übersetzung: Bertholet, Dr. Ed., „Die Wirkung des chronischen Alkoholismus auf die Organe des Menschen, insbesondere auf die Geschlechtsdrüsen", übersetzt und ergänzt von Dr. A. Pfleiderer. Stuttgart. Mimirverlag. Mit Literaturangaben.
4) Nicloux, M., „Passage de l'alkool ingéré dans quelques glandes et secretions genitales". 1910.
5) Oort, Dr. A. H., „Über den Einfluß des Alkoholgenusses der Eltern und Ahnen auf die Kinder" in „Beiträge zur Kinderforschung und Heilerziehung", Heft 57. Langensalza.
6) Ribbert, Prof. Dr. H., „Rassenhygiene". Bonn 1910. Cohen.
7) Weichselbaum, Prof. Dr., „Über Veränderungen der Hoden bei chronischem Alkoholismus". 1910.
8) Kickh, Dr. A., „Alkohol und Kindersterblichkeit". I. M. 1914. Übersetzt: Kickh, Dr. A., „Avillage Picture of Alkohols Relation te Child Mortality" in Scientific Temperance Journal. Boston-Mass. 1914. Ausführlicher in:
9) Kickh, Dr. A., „Biologisches und Gesellschaftshygienisches von Dürrnberg-Salzburg" in „Das österreichische Sanitätswesen". Wien u. Leipzig 1917. Hölder.
10) Schweighofer, Reg.-Rat Dr. J., „Alkohol und Nachkommenschaft" in „Das österreichische Sanitätswesen". Wien u. Leipzig 1912. Hölder.
11) Fock, Dr., „Alkohol und Rassenhygiene". Basel. Schriftstelle des Alkoholgegnerbundes. 5.—6. Tausend.
12) Pfleiderer, Dr. A., „Bilderatlas zur Alkoholfrage". Stuttgart. Mimirverlag. Mit 304 Bildern.
13) Gruber, Prof. Dr. Max von, u. Dr. E. Rüdin, „Fortpflanzung, Vererbung und Rassenhygiene". (Führer durch die Gruppe Rassenhygiene der Hygieneausstellung Dresden 1911.) München 1911. Lehmann. Mit bibliographischem Anhang von Allers u. 230 Abbild.
14) Weygandt am 10. Intern. Kongreß gegen den Alkoholismus. Budapest 1905.
15) Kraepelin, Prof. Dr., „Über die Merkfähigkeit".
16) Tuczek, Dr., „Alkohol und Leistungsfähigkeit". Berlin 1911. Mäßigkeitsverlag.
17) Naecke, Prof. Dr., „Die Zeugung im Rausche". Zeitschr. f. d. ges. Neur. u. Psych. XI. 1912.
18) Ploetz' Archiv XI. S. 821—824.

19) Holitscher, Dr. A., „Die Zeugung im Rausche". I. M. 1909 u. 1913. Vgl. auch Hoppe, Dr. H., Zentralbl. f. Nervenheilk. u. Psych. Neue Folge. XX. 1909.
20) Laitinen, Kongreß gegen den Alkoholismus. Budapest 1905. S. 49.
21) vgl. auch Siemens, Dr. W. H., „Die biologischen Grundlagen der Rassenhygiene und der Bevölkerungspolitik". München 1917. Lehmann.
22) Baur, Prof. Dr. Dr., „Einführung in die experimentelle Vererbungslehre". Berlin 1914. Bornträger.
23) Bunge, Prof. Dr. von, „Die Alkoholfrage". Basel. Schriftstelle des Alkoholgegnerbundes. 251.—270. Tausend. Viele Übersetzungen in andere Sprachen.
24) Delbrück, Dir. Dr., „Hygiene des Alkoholismus".
25) Bunge, Prof. Dr. von, „Die Quellen der Degeneration".
26) Smissen, v. d., „Der Alkohol und die Zukunft unserer Rasse".
27) Wurster, Prof. Dr. von, „Geschichte der Abstinenzbewegung im 19. Jahrhundert."
28) Bergmann, Prof., u. Dr. Kraut, „Geschichte der Antialkoholsbestrebungen usw.".
29) Meinert, San.-R. Dr., „Die Trinkfestigkeit vom ärztlichen Standpunkte".
30) Bunge, Prof. Dr. von, „Die zunehmende Unfähigkeit der Frauen, ihre Kinder zu stillen". 7. Aufl. München 1914. Reinhardt.
31) Gruber, Prof. Dr. von, „Die Alkoholfrage in ihrer Bedeutung für Deutschlands Gegenwart und Zukunft". Berlin 1913. Mäßigkeitsverlag. 23.—27. Tausend.
32) Gruber, Prof. Dr. von, „Ursachen und Bekämpfung des Geburtenrückganges im Deutschen Reiche". München 1914. Lehmann.
33) Marcuse, Dr. Max, „Zur Kenntnis der Klimakteriumvirile". Neur. Zentralbl. 1916. Nr. 14.
34) Elster, Dr. A., „Zeitschrift für öffentliche Gesundheitspflege". 1916. Heft 9.
35) Wlassak, Dr. R., „Das Problem der Degeneration". Berlin. Michaelis.
36) Epstein, Dr. A., „Der Krieg und die Stillpflicht der Frau" in „Das österreichische Sanitätswesen" 1915. Nr. 8, mißversteht leider v. Bunge.
37) Deutsch, Dr. H., „Die Aufgaben der Krankenkassen im Kampfe gegen den Alkohol".
38) Forel, „Die Trinksitten" u. v. Whittaker, „Alkoholische Getränke und Lebensdauer", übersetzt von Hall.
39) Kickh, Dr. A., „Alkohol als Todesursache" in „Das österreichische Sanitätswesen". Bd. 29. 1917 und
39a) „Beiträge zum Zahlenverhältnisse der Geschlechter" in den „Abhandlungen aus dem Gebiete der Sexualforschung". Bd. I. Heft 4.
40) Damaschke, Ad., „Die Bodenreform". Jena 1915. Fischer. 31.—35. Tausend. „Jahrbuch der Bodenreform". Jena. Fischer, u. „Zeitschrift für Bodenreform". Berlin.
40a) Die Notwendigkeit noch gründlicherer Wandlungen vertritt die Zeitschrift „Hellauf" des Mimirverlages Stuttgart.
41) Bucura, Dr. C. J., „Geschlechtsunterschiede beim Menschen". Wien u. Leipzig 1913. Hölder. Mit Literaturverzeichnis.
42) Egger, Bischof Dr. A., „Alkohol und Volkswohl". Sarnen 1911.
43) „Forum" 1/2. 1918. Zu dieser Frage äußern sich außer den Zeitschriften, welche speziell sexuelle Fragen behandeln, u. a. in Ploetz' Archiv XI u. XII Auerbach, Schallmayer, von Siemens u. a., s. auch 47) S. 141.
43a) Bonne, Dr., „Unsere Trinksitten und ihre Bedeutung für die Unsittlichkeit". Leipzig 1906.
44) Egger, Bischof Dr. A., „Das Wirtshaus". Einsiedeln.
Böhmert, Dr., „Die Reform der Geselligkeit und der Wirtshäuser".
Gonser, J., „Verein und Wirtshaus".
Sohnrey, H., „Das Wirtshaus auf dem Lande" u. a.
45) Burk, Dr., „Das Alkoholkapital, warum und wie man es bekämpfen muß".
46) Flesch am 6. deutschen Abstinententag Frankfurt, u. v. a.
47) „Die Erhaltung und Mehrung der deutschen Volkskraft". Verhandlungen der 8. Konferenz der Zentralstelle für Volkswohlfahrt in Berlin vom 26.—28. Oktober 1915. Heft 12 der Neuen Folge der Schriften der Zentralstelle. Berlin. Heymann.
48) Hitze, Dr. F., „Geburtenrückgang und Sozialreform". M.-Gladbach 1917.
49) Brunzlow, Dr., in I. M. 1916. S. 90. Schrieb auch „Wehrkraft und Alkohol" Berlin. Mäßigkeitsverlag. Mit Angaben sonstiger Literatur.
50) u. a. Burgerstein, Dr., „Alkohol und Schule" in „Das österreichische Sanitätswesen" 1917.
51) Rosental, Dr., „Alkoholismus und Prostitution". Berlin 1905. Hirschwald.
52) Lischnewska, Maria, u. Dr. Juliusburger, „Alkohol und Unsittlichkeit".
53) Bloch, Dr., „Das sexuelle Leben unserer Zeit". Berlin 1907. Markus.
54) Scheven, Katarina, „Alkohol und Unsittlichkeit".

55) Popert, Dr., „Helmut Harringa".
56) Bunge, Prof. Dr. von, „Die Ausrottung der Geschlechtskrankheiten". Leipzig 1911. Vogel. Vgl. auch Hecht, Dr., „Alkohol und Geschlechtskrankheiten", und Bab, „Alkohol und Geschlechtskrankheiten". Flugschriften.
57) Kickh, Dr., „Was nun?" „Heimatsschrift" des Heimatverlages Graz. Juli 1919. 26 Seiten.
58) Forel, Dr. A., „Abstinenz oder Mäßigkeit?" Wiesbaden 1910. Bergmann. (Ärztlich.)
59) Burk, Dr. G., „Steht Mäßigkeit sittlich höher als Enthaltsamkeit?" Stuttgart. Mimirverlag. (Vom religiös-ethischen Standpunkte.)
60) Stilke, F. W., „Trutzbüchlein". 100 Einwände gegen die Enthaltsamkeit und ihre Widerlegung. Hamburg. Guttemplerverlag.
61) Schöll, F., „Obst und Trauben als Nahrungsmittel". 1916. Mimirverlag. Wenk, Dr. W., „Wert des Obstes und Obstverwertung". Heidelberg. U. v. a.
62) Holitscher, Dr., „Das Recht auf den Genuß" aus der Zeitschrift „Abstinenz". Hamburg.
63) Kickh, Dr. A., „Euphorie" in „Arsmedici" 1916.
64) Holitscher, Dr. A., „Alkoholsitte — Opiumsitte". München 1908. Reinhardt.
65) Schöll, Fr., „Landwirtschaft, Weinbau und Alkoholfrage". Mimirverlag und „Bericht des 8. deutschen Abstinententages" in Freiburg i. B. 1912.

Von bedeutenden Werken auf dem Gebiete der Alkoholforschung, welche in den Schriftenverzeichnissen genannt sind, möchte ich besonders erwähnen:

Hoppe, „Die Tatsachen über den Alkohol",
Abderhalden, Dr. C., „Bibliographie der gesamten wissenschaftlichen Literatur über den Alkohol und den Alkoholismus".

Ferner macht mich nach Schluß meiner Abhandlung Herr Dr. Max Marcuse auf die soeben erscheinenden Sammelreferate Schweisheimers in der „Ärztlichen Sachverständigen-Zeitung" aufmerksam.

Endlich lernte ich leider erst nach Vollendung meiner Arbeit Dr. Triers „Vorlesungen über die natürlichen Grundlagen des Anti-Alkoholismus" (Berlin, Bornträger) kennen, welche besonders in den gebildeten Kreisen aufklärend wirken werden. Sie enthalten in Text und Fußnoten weitere Literaturangaben.

Auszüge aus Besprechungen:

. . . Häufige Beziehungen auf die einschlägige moderne Literatur beleben die Darstellung, die für den Arzt und Soziologen gleiches Interesse bietet und als ernste Arbeit gewertet sein will, die den hohen Wert der Frauentreue für das Glück der Ehe und den Aufstieg der Rasse einschätzt und preist. **Büchermarkt 1917.**

. . . Alles in allem: Ein gutes Buch mit reiner Tendenz.

Neue Generation 1917.

. . . Mit Recht kann man hier wirklich von einem Buche reden, wie es auf diesem Gebiete in der Weltliteratur bisher nicht seinesgleichen hat.

Deutsche Mütterzeitung 1917.

Mag man mit dem Verfasser auch über manchen Gedankengang und Leitsatz rechten können, das Buch als Ganzes bietet eine Fülle von Wissensbereicherung, und diese ist den Ärzten ganz besonders zu wünschen, die, durch ihren Beruf mehr als andere Menschen gezwungen, psychische Eigenarten zu verstehen, leider noch immer den gewichtigsten Faktor im Erdendasein, die Sexualität, allzuwenig kennen. Hier kann und soll Kischs Buch belehrend wirken. **Medizinische Klinik 1917.**

Nachdem der bekannte Marienbader Badearzt im ersten Teil dieser sozialmedizinischen Studien mit dem weiblichen Ehebruch bekannt gemacht, schildert er in dem nun vorliegenden zweiten Teile die Geschlechtsuntreue des Weibes, wie sie besonders in der Prostitution zu suchen ist. Der Verfasser führt uns nicht nur die Umrisse dieses weiblichen Lasters vor Augen, sondern sucht auch ihr Wesen zu analysieren, die Ursache zu erforschen und Vorschläge zur Bekämpfung des Übels zu machen. Die einzelnen Typen sind scharf gezeichnet vom „Verhältnis" der Jugendlichen, dem Mätressentum und Konkubinat bis zur öffentlichen Straßendirne. Hinsichtlich der Bordellfrage wird das Für und Wider erörtert, der Standpunkt der Abolitionisten abgelehnt. Aus dem Ganzen spricht der sittliche Ernst des Forschers und Arztes und überall verrät sich die große Vertrautheit des Verfassers mit Literatur und Geschichte.

Schmidts Jahrbücher für die gesamte Medizin.

Auf der Grundlage einer mehr als fünfzigjährigen Tätigkeit als Frauenarzt und an der Hand der physiologischen und psychologischen Forschungen der Gegenwart formt der Verfasser in diesem Buche das Bild der ehebrecherischen Frau, erforscht die Gründe und den Werdegang der geschlechtlichen Untreue des Weibes in ihrem verwickelten Verlaufe vom ersten gedanklichen Liebessehnen bis zur fleischlichen Vollendung und legt die Zusammenhänge bloß, die zwischen dem Fehltritte der Frau und ihrer angeborenen Keimanlage, sowie ihrer eigentümlichen, auf die Mutterschaft abgestellten Geschlechtsausbildung, der Beschaffenheit des heimständigen Bodens und ihre Umwelt bestehen, und weist nach, welch überwältigende Schuld nicht selten dem eigenen Manne an dem Falle seiner Ehegattin zukommt. Mit hohem sittlichen Ernst sucht er die tieferen Ursachen des beklagenswerten sittlichen Niederganges der Ehe der Gegenwart zu ergründen. . . . Das Buch ist in einem guten, klaren, von entbehrlichen Fremdwörtern ziemlich freien Deutsch geschrieben und bietet reiche Belehrung für jeden, der im öffentlichen Leben mit solchen Dingen zu tun hat, vor allem aber dem **Kriminalisten, dem Richter, dem Moraltheologen, dem Beichtvater, Prediger und dem geistlichen Gewissensberater in den Großstädten.** Sein Wert für die **moderne Frauenfrage** liegt auf der Hand.

Augsburger Postzeitung.

FSC
www.fsc.org
MIX
Papier | Fördert gute Waldnutzung
FSC® C083411

Kolibri 360 GmbH
Ferdinand-Jühlke-Straße 7
99095 Erfurt, Deutschland
produktsicherheit@kolibri360.de